Die österreichische arktische Beobachtungs-Station auf Jan Mayen

weitsuechtig

Die österreichische arktische Beobachtungs-Station auf Jan Mayen

ISBN/EAN: 9783943850123

Auflage: 1

Erscheinungsjahr: 2013

Erscheinungsort: Bremen, Deutschland

@ weitsuechtig in Access Verlag GmbH, Fahrenheitstr. 1, 28359 Bremen. Alle Rechte beim Verlag und bei den jeweiligen Lizenzgebern.

weitsuechtig

DIE

ÖSTERREICHISCHE ARKTISCHE

BEOBACHTUNGS-STATION AUF JAN MAYEN

1882—1883.

WIEN

Verlag von Gerold & Co., Stephansplatz.

1882.

Inhalt.

	Seite
Vorwort	3
Einleitung	5—10
Die arktischen und antarktischen Beobachtungsstationen 1882 bis 1883	9
Die österreichische arktische Beobachtungsstation auf Jan Mayen	11—41
Die Insel Jan Mayen	11
Aufgaben der Expedition	16
Personale der Expedition	17
Ausrüstung der Expedition: Instrumente, Bekleidung, Lebensmittel, Bewaffnung	19
Die Wohn- und Beobachtungshäuser auf Jan Mayen	21
Instructionen für die österreichische Beobachtungsstation	26—33
Leiter der Expedition	26
Die übrigen Officiere	30
Das niedere Personale	31
Allgemeines über den Dienstbetrieb und den Wachdienst	32
Details über die vorzunehmenden Beobachtungen	34—38
a) Meteorologische Beobachtungen	34
b) Magnet. Beobachtungen	35
c) Polarlicht-Beobachtungen	36
d) Astronom. Beobachtungen	37
e) Hydrographische Untersuchungen	37
f) Geodätische Arbeiten	38
g) Naturwissenschaftl. Beobachtungen und Untersuchungen	38
Reiseprogramm, Ausschiffung auf Jan Mayen, Rückkehr der Expedition	38—41
S. M. Transportschiff «Pola»	38
Reise nach Jan Mayen	39
Ankunft auf Jan Mayen	39
Ausschiffung des Materiales	40
Bestimmungen über Nachrichten u. zu errichtende Cairns	40
Abbrechen d. Station, Rückkehr	41

Anlagen.

	Seite
I. Verhandlungen und Ergebnisse der dritten internationalen Polarconferenz, abgehalten zu St. Petersburg in den Tagen vom 1. bis 6. August 1881	43—59
II. Ein Tagebuch, geführt von sieben Seeleuten, welche auf der Insel St. Maurice (Jan Mayen) bei Grönland in den Jahren 1633 bis 1634 überwinterten und sämmtlich auf dieser Insel starben	61—79
III. Inventar der österr. arktischen Beobachtungsstation auf Jan Mayen	81—97

Tafeln und Holzschnitte.

Titelbild: S. M. Transportdampfer «Pola».
Am Schlusse der Broschüre: Karte von Jan Mayen.
S. 23 und 25: Ansicht und Plan der Stationshäuser auf Jan Mayen.

S. M. TRANSPORTDAMPFER „POLA".

Der Plan *Weyprecht's,* einen Gürtel von Beobachtungsstationen um den arktischen Pol zu errichten, wird im Laufe der Jahre 1882 bis 1883 verwirklicht werden.

Oesterreich bezieht die Station auf der Insel Jan Mayen im grönländischen Meere.

Die vorliegenden Zeilen sollen Bericht darüber erstatten, in welcher Weise die Idee *Weyprecht's* der Verwirklichung entgegenreifte, wie die österreichische Expedition zusammengestellt und ausgerüstet wurde, wie die Station eingerichtet werden wird, welche Arbeiten zu leisten sind, u. s. w.

Möge diese Darstellung, welche die internationale Ausführung einer von Oesterreich angeregten Idee zum Gegenstande hat, das Interesse an diesem wissenschaftlichen Unternehmen in weitere Kreise tragen und allen jenen eine Erinnerung sein, die der Expedition ihre Mithilfe und Unterstützung angedeihen liessen.

Einleitung.

Schon im Herbste des Jahres 1874, als Linienschiffslieutenant *Carl Weyprecht* mit der österr.-ungarischen Nordpolexpedition nach der Heimat zurückkehrte, war er darüber vollkommen klar, welche Richtung die Polarforschung der Zukunft nehmen müsse, um thatsächlich jene Summe von wissenschaftlichen Resultaten zu ergeben, die der aufgewendeten Arbeit, den drohenden Gefahren und den für solche Expeditionen erforderlichen Kosten entspricht. In dem am 18. Jänner 1875 zu Wien im Saale der Akademie der Wissenschaften gehaltenen Vortrage sprach sich *Weyprecht* (zum erstenmal) hierüber folgendermassen aus:

«So interessant auch unsere verschiedenen Beobachtungen sind, so besitzen sie doch, trotz der endlosen Zahlenreihen, nicht jenen hohen wissenschaftlichen Wert, der unter anderen Umständen erreicht werden könnte. Sie geben uns nur ein Bild der extremen *Wirkungen* der Naturkräfte im arktischen Gebiete, aber über ihre *Ursachen*, über das «*Warum*» sind wir ebenso im Dunkeln wie vorher, und der Grund hiervon liegt darin, dass die *gleichzeitigen vergleichenden Beobachtungen* fehlen. Erst wenn wir diese besitzen, werden wir im Stande sein, richtige Schlüsse über die Grundursachen, über die Entstehung und das Wesen jener abnormen Erscheinungen im hohen Norden zu ziehen. Die Schlüssel zu vielen Räthseln der Natur, an deren Lösung schon Jahrhunderte vergeblich gearbeitet wird, — ich erwähne nur Magnetismus, Elektricität, den grössten Theil der Meteorologie etc. —, liegen bestimmt in der Nähe der Erdpole, aber so lange die Polarexpeditionen nur eine internationale Hetzjagd zu Ehren der einen oder anderen Flagge sind, so lange es sich in erster Linie darum handelt, ein paar Meilen höher gegen Norden vorzudringen, als der Vorgänger, so lange werden ebenso bestimmt diese Räthsel ungelöst bleiben.

«*Die rein geographische Forschung, die arktische Topographie, welche bis jetzt bei allen Polarexpeditionen im Vordergrunde gestanden hat, muss gegenüber diesen grossen wissenschaftlichen Fragen in den Hintergrund treten.* Die Beantwortung dieser wird aber nicht eher geschehen, *al* bis sich alle jene Nationen, die darauf Anspruch machen, auf der Höh der heutigen Culturbestrebungen zu stehen, zu gemeinsamem Vorgehen mit Ausserachtlassung nationaler Rivalität, entschliessen. Um entscheidend wissenschaftliche Resultate zu erzielen, brauchen wir eine Reihe *gleich zeitiger Expeditionen*, deren Zweck sein müsste, an verschiedenen Punkten des arktischen Gebietes vertheilt, mit gleichen Instrumenten und nach gleichen Instructionen gleichzeitige einjährige Beobachtungsreihen zu schaffen. Erst dadurch wird uns das Material zur Lösung jener grossen Naturprobleme, die im arktischen Eise liegt, geliefert werden, erst dann werden wir den Lohn ernten für jenes gewaltige Capital an Arbeit, Anstrengungen, Entbehrungen und Geld, das bis jetzt im Polargebiete vergeblich verschwendet worden ist.»

Hiemit hatte *Weyprecht* die neue Richtung, welche er der Polarforschung zu geben berufen war, in Schlagworten gekennzeichnet.

Deutlicher und schärfer formulirt treten uns die Ideen des österreichischen Polarforschers in dem Vortrage entgegen, welchen er vor der 48. Versammlung deutscher Naturforscher und Aerzte in Graz, gleichfalls im Jahre 1875, hielt. Auch hier erklärt er, dass die wissenschaftlichen Resultate der bisherigen arktischen Expeditionen den enormen Mittel durchaus nicht entsprechen, welche auf dieselben verwendet wurden, und bezeichnet das Polargebiet als den wichtigsten Theil unserer Erd für das Studium der Naturwissenschaften. Für die Kenntnis des Erdmagnetismus und der Elektricität sowie für die Meteorologie sind di Verhältnisse in der Nähe der vom Eise umgebenen Erdpole von ent scheidender Bedeutung, — Astronomie und Geodäsie sind an der Polarforschung durch die Abplattung der Erde und durch die abnormalen Refractionen in jenen Gegenden betheiligt, — Thier- und Pflanzenleben unter so extremen Verhältnissen müssen von hohem wissenschaftlichen Interesse sein. Im allgemeinen rufen die extremen Bedingungen, unter welchen die Naturkräfte in der Nähe der Pole auftreten, Erscheinungen hervor, welche uns das beste Mittel zur Erforschung des Wesens dieser Kräfte selbst bieten. Wo aber die Verfolgung einer Erscheinung bis zu ihrem Ursprunge und die Erforschung des letzteren und dadurch der Erscheinung selbst angestrebt wird, kann meistens nur der Vergleich und die Zusammenstellung *möglichst vieler gleichzeitiger Beobachtunge. entscheiden.*

Weyprecht stellt sodann auf Grund dieser, hier nur in herausgerissenen Sätzen zusammengedrängten Ansichten die folgenden Grundsätze auf:

«*1.) Die arktische Forschung ist für die Kenntnis von den Naturgesetzen von der höchsten Wichtigkeit.*

«*2.) Die geographische Entdeckung in jenen Gegenden hat nur insofern höheren Wert, als durch sie das Feld für die wissenschaftliche Forschung in engerem Sinne vorbereitet wird.*

«*3.) Die arktische Detail-Topographie ist nebensächlich.*

«*4.) Der geographische Pol hat für die Wissenschaft keine grössere Bedeutung, als jeder andere in höhern Breiten gelegene Punkt.*

«*5.) Die Beobachtungsstationen sind ohne Rücksicht auf die Breiten um so günstiger, je intensiver die Erscheinungen, deren Studium angestrebt wird, auf ihnen auftreten.*

«*6.) Vereinzelte Beobachtungsreihen haben nur relativen Wert.*

«Diesen Bedingungen kann entsprochen werden ohne jenen ungeheueren Kostenaufwand, der bis jetzt mit fast allen Polarexpeditionen verbunden war und der weniger reichen Ländern die Theilnahme an der arktischen Forschung unmöglich machte. Es ist nicht nöthig, unser Beobachtungsgebiet bis in die allerhöchsten Breiten auszudehnen, um wissenschaftliche Resultate von hoher Bedeutung zu erringen.

«Würden z. B. die Stationen Nowaja Semlja (76°), Spitzbergen (80°), West- oder Ostgrönland (76 bis 78°), Nordamerika östlich der Behringsstrasse (70°), Sibirien an der Mündung der Lena (70°) besetzt, so wäre dadurch ein Beobachtungsgürtel um das ganze arktische Gebiet gezogen. Sehr erwünscht wären Stationen in der Nähe der Centren magnetischer Intensität. Durch die schon jetzt bestehenden Stationen in der Nähe des Polarkreises, die nur einer Verstärkung bedürften, wäre die Verbindung mit den Beobachtungen unserer Gegenden hergestellt. Mit den Mitteln, welche eine einzige Entdeckungsexpedition der neueren Zeit zur Erreichung der höchsten Breite kostet, könnte man diese sämmtlichen Stationen auf ein Jahr beziehen.

«Die Aufgabe dieser Expeditionen wäre: *Mit gleichen Instrumenten und nach gleichen Instructionen durch ein Jahr möglichst gleichzeitige Beobachtungen anzustellen. In erster Linie hätten die verschiedenen Zweige der Physik und Meteorologie, ferner Botanik, Zoologie und Geologie, und erst in zweiter Linie die geographische Detailforschung berücksichtigt zu werden.*

«Wäre es möglich, eine oder mehrere gleichzeitige Beobachtungsstationen im antarktischen Gebiete zu errichten, so würden die zu erwartenden Resultate eine vielfach erhöhte Bedeutung gewinnen.

«Die Kosten dieser kleinen einjährigen Expeditionen könnten wegen der leichten Zugänglichkeit der Stationen so gering gehalten werden, dass sie, auf verschiedene Staaten vertheilt, leicht zu tragen wären.

«Die Resultate, die von einer solchen Combination kleinerer Expeditionen zu erwarten sind, gehen aus dem früher Gesagten von selbst hervor. Die *auf reeller wissenschaftlicher* Basis ausgeführten grösseren Erforschungsexpeditionen brauchen durch dieselben durchaus nicht ausgeschlossen zu werden. Systematisch angestellte gleichzeitige Beobachtungen sind, abgesehen von allem anderen, einestheils für das weitere Vordringen in das arktische Innere, anderntheils für die Lehre vom Erdmagnetismus so nothwendig, dass sie mit Bestimmtheit früher oder später zur Ausführung kommen werden. *Sie* werden uns erst zeigen, wohin in Zukunft unsere Hauptanstrengungen gerichtet zu sein haben.»

An diesem Programme, das *Weyprecht* der wissenschaftlichen Welt für die künftige Polarforschung vorgezeichnet hatte, hielt er — obwohl darob von mancher' Seite angegriffen — unverrückt fest, und mit der ganzen Energie, Ausdauer und Zähigkeit, welche diesem gross angelegten Manne eigen waren, arbeitete er an der Verwirklichung desselben. Thatsächlich sehen wir, wie *Weyprecht's* Ideen immer mehr und mehr Boden gewinnen, und kaum mehr als vier Jahre, nachdem sie zuerst ausgesprochen wurden, im April 1879, empfiehlt sie ihr Autor im Vereine mit seinem Freunde und Gönner, dem Grafen *Hans Wilczek*, einem internationalen Forum, dem zweiten internationalen Meteorologen-Congresse zu Rom, zur Verwirklichung, und zwar insoferne mit Erfolg, als der Congress die Berufung einer besonderen internationalen Polarconferenz nach Hamburg für den 1. bis 5. Oktober 1879 beschloss.

Es würde zu weit führen, wenn wir die Debatten, Erwägungen und Beschlüsse sowohl dieser als auch der zweiten Conferenz zu Bern am 7. und 9. August 1880 hier wiedergeben wollten, und es wird bezüglich dieser beiden Conferenzen genügen, wenn wir anführen:

dass auf der *ersten Conferenz*, an welcher Delegierte Dänemarks, Deutschlands, Frankreichs, Hollands, Norwegens, Oesterreichs, Russlands und Schwedens theilnahmen, die *Weyprecht-Wilczek*'schen Vorschläge im allgemeinen angenommen und die Errichtung fester Beobachtungsstationen an acht Punkten der arktischen und an vier Punkten der antarktischen Gegenden vorgeschlagen, das Programm der auszuführenden Beobachtungen ausgearbeitet und der Termin zu deren Beginn für den Sommer 1881 (Dauer der Beobachtungen ein Jahr) in Aussicht genommen wurde, —

und dass die *zweite Conferenz* schon mehr oder weniger bestimmte Zusicherungen bezüglich der Betheiligung einzelner Länder an der Polarforschung brachte, die Expeditionen jedoch auf das Jahr 1882/83 vertagte.

Die *dritte Conferenz* endlich, welche vom 1. bis 6. August 1881 zu St. Petersburg statthatte, brachte die Frage der Polarforschung aus dem Stadium der Berathungen, Empfehlungen und Wünsche in jenes der Entscheidung. Die Besetzung von acht Stationen — dem bestimmten Minimum — im arktischen Gebiete ergab sich als ganz gesichert, der Zeitpunkt des Beginnes und Endes der gleichzeitigen Beobachtungen auf allen Stationen wurde endgiltig festgesetzt und ein definitives Programm für die Polarexpeditionen, so weit als dies zur Vergleichbarkeit der Beobachtungen nothwendig erschien, aufgestellt. — So waren denn *Weyprecht's* Ideen zur That geworden, rascher, als wohl sonst internationale Unternehmungen, besonders wissenschaftlicher Natur, zu reifen pflegen, — nicht rasch genug für den Urheber derselben, der noch vor dem Zusammentritt der entscheidenden Conferenz aus dem Leben scheiden musste. —

Anlage I zu diesen Zeilen enthält die Verhandlungen und Ergebnisse dieser Conferenz in ihrem ganzen Umfange. Wir glaubten dieselben den Lesern dieser Blätter vollständig bieten zu sollen. Sind sie doch ein seltenes Zeugnis internationaler Einigkeit auf einem Gebiete, zu dem der «Streit der Völker» nicht hinanreicht, auf dem Gebiete der Wissenschaft, und bilden zugleich die Basis auch für unsere, die österreichische Expedition, für welche wir das allgemeine Interesse im Vaterlande hiemit wecken und nähren möchten.

Die arktischen und antarktischen Beobachtungsstationen 1882 bis 1883.

Wie theils aus den Verhandlungen und Ergebnissen der dritten internationalen Polarconferenz (Anlage I) zu entnehmen ist, theils nachträglich entschieden wurde, werden die Beobachtungsstationen in folgender Weise besetzt werden:

A. Im arktischen Gebiete.

1.) *Point Barrow* und 2.) *Lady Franklin Bay* durch die Vereinigten Staaten von Nordamerika, auf Kosten dieser Staaten und unter Leitung des *Signal Office*; Chef der Station *Point Barrow* Lieutenant *P. H. Ray,* der Station *Lady Franklin Bay* Lieutenant *A. W. Greely.*

3.) *Godshaab in Westgrönland* durch Dänemark, auf Kosten dieses Staates, unter Leitung des meteorologischen Institutes; Chef der Station Adjunct *A. Paulsen.*

4.) *Jan Mayen* durch Oesterreich, auf Kosten des Grafen *Hans Wilczek* und unter Leitung desselben; Chef der Station Linienschiffslieutenant *Emil von Wohlgemuth*.

5.) *Mossel-Bay* auf *Spitzbergen* durch Schweden, auf Kosten des Kaufmannes *O. Smith*, unter Leitung der Akademie der Wissenschaften; Chef der Station Capitän *Malmberg*.

6.) *Bossekop* bei *Alten* durch Norwegen, auf Kosten des Staates, unter Leitung des meteorologischen Institutes; Chef der Station Assistent *A. Steen*.

7.) *Lena-Mündung* durch Russland, auf Kosten des Staates, unter Leitung der geographischen Gesellschaft; Chef der Station Navigationslieutenant *Nikolaus D. Jürgen*.

8.) *Möller-Bay auf Nowaja Semlja* durch Russland, auf Kosten des Staates und unter Leitung der geographischen Gesellschaft; Chef der Station Marinelieutenant *Andrejeff*.

9.) *Dicksonhafen* durch Holland, auf Kosten des Staates und durch Unterstützung von Privaten, unter Leitung des meteorologischen Institutes; Chef *Dr. M. Snellen*.

10.) *Ostküste von Grönland (Pendulum Island)* durch Deutschland, auf Kosten des Staates und unter Leitung der deutschen Polarcommission; Chef noch unbestimmt.

11.) *Fort Simpson in Canada* durch Canada, auf Kosten des Staates, unter Leitung des meteorologischen Institutes. Ferner:

B. Im antarktischen Gebiete.

a) Südgeorgien durch Deutschland, auf Kosten des Staates, unter Leitung der deutschen Polarcommission; Chef noch unbestimmt.

b) Cap Horn durch Frankreich, auf Kosten des Staates, unter Leitung des meteorologischen Centralbureaus.

Die österreichische arktische Beobachtungsstation
auf Jan Mayen.

Die österreichische Expedition, von welcher diese Zeilen handeln sollen, besetzt, wie gesagt, die Station auf der Insel Jan Mayen. Wir werden daher, um in logischer Folge alles zu erzählen, was über diese Expedition im allgemeinen wissenswert erscheint, mit einer kurzen Schilderung des Schauplatzes ihrer Thätigkeit beginnen, über die Aufgaben der Expedition, das Personale, die Ausrüstung, Bewaffnung und die auf Jan Mayen zu errichtenden Baulichkeiten referiren, die Dienstes-Instructionen für das Expeditionspersonale und die Details der anzustellenden Beobachtungen, insoweit bezüglich derselben nicht schon die Anlage I genügende Daten gibt, ihrem Wortlaute nach wiedergeben und mit dem Reiseprogramm schliessen.

Die Insel Jan Mayen.

Diese Insel erhielt, wie *Scoresby* in seinem Werke «*Bericht über die arktischen Regionen nebst einer Geschichte und Beschreibung des Walfischfanges im Norden*» berichtet, ihren Namen von einem holländischen Capitän, welcher die Insel zuerst im Jahre 1611 gesehen haben soll. Da indes der Walfischfang erst um 1612 begann, so darf man glauben, dass sie nicht vorher entdeckt wurde. Sie wurde auch Insel *Mauritius* genannt, zu Ehren des Prinzen von Nassau. Um dieselbe Zeit wurde die Insel auch von Walfischfängern von Hull entdeckt und *Dreifaltigkeitsinsel* genannt, und als die russische Gesellschaft das Monopol des Fischfanges sämmtlicher Polargegenden zu erhalten strebte, wurde sie von dem Könige von England der Corporation von Hull infolge einer Petition vom Jahre 1618 als Fischereistation bewilligt. Die Holländer, welche seit der Entdeckung Jan Mayens bis zu dem Jahre 1640 die Insel fleissig zu besuchen pflegten und aus dem Walfischfange an den Küsten grossen Nutzen zogen, geben die hauptsächlichsten Berichte über ihr Ansehen, ihre Lage und Beschiffung.

Jan Mayen liegt, wie aus der beigeschlossenen Karte zu ersehen ist, welche nach *Petermann's* geographischen Mittheilungen, Jahrg. 1877, Heft VI, copiert wurde, zwischen 9° 4′ 30″ und 7° 52′ Westlänge von Greenwich und zwischen 71° 5′ 36″ und 70° 49′ 30″ nördlicher Breite. Professor *Mohn,* welcher im Juli des Jahres 1877 eine kurze Expedition (Norwegische Nordmeer-Expedition) unternahm und einige Tage zu Jan Mayen mit einem Dampfer geankert war, gibt uns in den genannten geographischen Mittheilungen eine vortreffliche Schilderung der Insel, welche wir nachfolgend reproduciren:

Durch tiefe Meere von allen Nachbarländern getrennt, liegt Jan Mayen einsam im Grönländischen Meere. Zwischen Jan Mayen und Norwegen ist das Meer 1760 Faden, gegen Spitzbergen ist es wahrscheinlich über 2000 Faden, gegen Grönland über 1300 Faden und gegen Island über 1000 Faden tief. Die Richtung der Insel ist von NOzO. nach SWzW., sie zeigt nach der Dänemark-Strasse und ist der Hekla-Linie parallel. Sie ist nach allem, was darüber beobachtet worden, ganz aus vulcanischen Bergarten gebaut, und diese scheinen alle dem neueren Vulcanismus zu gehören. Sie ist also jünger als die Faröer und Island, wo ältere vulcanische Bergarten herrschen oder die Grundlage bilden. Ihre Länge beträgt etwas über $7\frac{1}{2}$ geographische Meilen. Sie ist gebildet aus zwei grösseren Theilen, einem nördlichen und einem südlichen, welche durch eine niedrigere und schmalere Strecke verbunden sind. Die grösste Breite des nördlichen Theiles erreicht etwas über 2 geogr. Meilen, die des südlichen Theiles $1\frac{1}{2}$ geogr. Meilen, während die schmalste Stelle 0·4 geogr. Meilen breit ist. Der Flächeninhalt der Insel beträgt $7\frac{1}{3}$ geogr. Quadratmeilen.

Der nördliche Theil ist der grösste und am meisten hervortretende. In seiner Mitte thront der 1943 Meter hohe Beerenberg, ein erloschener Vulcan. Der Krater hat eine Breite von 1330 Meter, der obere Kegel eine Böschung von 42° und eine Höhe von etwa 600 Meter. Er scheint, nach den schwarzen Flecken, die namentlich auf der Westseite so herrschend sind, zu urtheilen, aus Asche gebildet zu sein. Die Basis, auf welcher dieser Kegel ruht, neigt sich nach allen Seiten nach aussen mit einer Neigung von 8 bis 10°, eine Neigung, die sich nach Norden und Osten unter dem Meeresspiegel fortsetzt bis zu 1000 Faden Tiefe. Der Rand des Kraters erscheint gezackt; der höchste Gipfel liegt auf der Westseite. Gegen Norden ist die Kraterwand zum Theil eingestürzt auf einer Höhe von etwa ein paar hundert Meter. Die so gebildete Thalsenkung setzt sich weiter unten gegen die Nordseite der Insel fort, auf beiden Seiten von divergierenden Bergrücken begrenzt, welche sich zum Theil terrassenweise hervorschieben. Dies ist das «*Val del bove*» des Beerenberges, es bildet die Firnmulde seiner grössten Gletscher, die sich auf der Nordseite herausschieben. Auf der Ostseite finden sich ebenfalls hervorstehende Rippen, welche die Gletscherfelder dieser Seite abtheilen, aber nach Süden und Westen scheint die Oberfläche des oberen Kegels sehr eben zu sein, nur oben am Kraterrande von kleinen Einsenkungen zwischen den Zacken gefurcht. Die Basis des Beerenberges geht gegen West, Südwest und Nordost mit ziemlich gleichmässigen Neigungen ganz bis an das Meer oder das Tiefland herab, aber im Norden und Osten bildet sie sehr steile Küsten, die Abstürze von 300 Meter Höhe darbieten. An mehreren Stellen ist die Basis von tiefen Einschnitten durchfurcht, durch welche die Gletscher ihren Weg zum Meere finden.

Die Höhe des Südlandes erreicht bei weitem nicht die des Nordlandes. Das Südland bildet ein Hochplateau, das gegen Südost und Süd viele schroffe Abstürze gegen das Meer hat; dagegen ist ihm nach Nordwesten ein niedriges Vorland vorgelagert, dessen Höhe 100 Meter über dem Meere nicht erreicht. Die Höhe des Plateaus des Südlandes wird auf 300 Meter geschätzt. Auf ihm erheben sich einige grössere Höhen, von welchen die höchste, die eine conische Spitze zu bilden scheint und also möglicherweise ein Vulcankegel ist, kaum mehr als 500 Meter über dem Meere emporragt.

Der niedrigere mittlere Theil der Insel, aus festen Lavamassen gebaut und reichlich mit Eruptionskratern besetzt, liegt an seinem niedrigsten Punkte 66 Meter oder vielleicht etwas weniger über dem Meere, während die Kratergipfel bis an 150 zu 200 Meter hinauf steigen. Die Höhe des Vogelberges beträgt nach Professor *Mohn's* Messung 150 Meter, die der Eierinsel nach dessen Schätzung 150 bis 170 Meter.

Die Basis des Beerenberges ist, wie von Professor *Carl Vogt* nachgewiesen, aus Lava- und Tuffschichten gebaut, die aus dem grossen Centralkrater herausgeflossen oder herausgeworfen zu sein scheinen, wahrscheinlich ehe dieser den oberen Aschenkegel aufgebaut hatte. Von gleicher Bildung ist der mittlere Theil der Insel und dem Ansehen nach auch das Südland. Oben auf dieser grossen, zusammenhängenden Lavamasse stehen eine Menge kleiner Nebenkrater, die grösstentheils eine ausgeprägte conische Form bewahrt haben. Solche sind der Krater am Nordostcap, der Krater östlich vom Südgletscher, die Krater Esk und Vogt, die Krater im Südwest vom Vogelberge und die Krater an der Guinea-Bucht. Zerstörte Formen zeigen der Vogelberg auf der Westseite und die Eierinsel auf der Ostseite, indem beider äusserer Kraterrand von dem Meere verschlungen ist. Einige von den Seitenkratern sind aus Lava gebaut und haben bedeutende Lavaströme ausgesandt, wie

Esk, Vogt; bei mehreren ist die Spitze aus losen, ausgeworfenen Massen rothen Schlacken, schwarzer Asche und Lapilli aufgebaut, so bei den Kratern an der Marie-Muss-Bucht, an der Guinea-Bucht, bei anderen aus Lava, Tuffschichten, Tuffconglomerat und Auswürflingen, wie beim Vogelberg; wieder andere bestehen fast nur aus Asche allein, wie die Eierinsel und Berna.

Die vulcanische Hauptspalte, auf welcher Jan Mayen gebaut ist, verläuft offenbar in der Längenrichtung der Insel, in der Hekla-Linie. Die Gruppierung der Nebenkrater scheint anzudeuten, dass sie Querspalten in der Richtung WNW.-OSO. entsprechen. Wir haben nämlich in dieser Richtung, wie es scheint, mehrere Reihen von Nebenkratern, so: Esk-Vogt-Berna; Vogelberg (oder die Krater weiter nach Südwest)-Eierinsel; die Achse der Halbinsel zwischen der Marie-Muss-Bucht und der englischen Bucht oder Brielle Thurm-Säule, und endlich Hoogberg-Krater (?) bei der Leuchtthurminsel. Ist es ein Zufall, dass in den zwei ersten Reihen die östlichen Endkrater, Berna und Eierinsel, nur Asche, nicht Schlacken und Lava ausgeworfen haben?

Thäler von grösserer Länge gibt es auf Jan Mayen nicht. Die bedeutenderen Thäler auf dem Nordrande sind von Gletschern ausgefüllt, und das Südland scheint sehr wenig von Thälern durchschnitten zu sein. Von Bächen sind nur wenige beobachtet worden; einige von diesen verlieren sich im Sande des Vorlandes.

Eigenthümlich für die Küste Jan Mayens sind die auf vielen Stellen aus dem Meere emporragenden Klippen, von welchen wir oben mehrere genannt haben. Sie sind gewiss grösstentheils Trümmer von Lavaströmen, die in das Meer herausgegangen sind.

Die Küsten von Jan Mayen sind, wie oben erwähnt, an vielen Stellen sehr steil und hoch. An anderen Stellen gibt es ein niedriges Vorland, aus Lava bestehend, zum Theil mit Sand bedeckt. Dieses Vorland, das auf der Karte seine eigene Bezeichnung hat, liegt zum Theil so niedrig, dass es mit Treibholz bedeckt ist. Niedrige Ufer, aus Sand bestehend, sind ebenfalls häufig, auch auf ihnen lagern in grossen Massen Treibholz, Backenknochen und Wirbel von Walen, Wrackgüter und ausgeworfener Tang.

Nirgends auf der Insel findet sich ein Hafen, der einem Schiffe oder einem Boote Schutz vor Unwetter bieten könnte. Die Landung ist daher nur möglich, wenn die See ganz ruhig ist, aber das gehört sicherlich zu den Seltenheiten, ausser dann, wenn das Meereis die Insel umringt.

Merkwürdig sind die zwei Lagunen, die vom Meere durch Wälle geschieden sind, welche aus schwarzem Sande bestehen, nur wenige

Meter hoch und einige hundert Schritt breit sind; sie führen süsses Wasser, dessen Spiegel nur wenig höher liegt, als der des Meeres. Die Lagune der Westseite ist so tief, dass sie einen guten Hafen abgeben könnte, wenn der Wall in einer hinlänglichen Tiefe durchbrochen würde; die der Ostseite scheint weniger tief zu sein. Merkwürdig bleibt es, dass *Scoresby* sie nicht gesehen hat; vielleicht hat sie sich nach seiner Zeit (1817) gebildet.

Jan Mayen liegt ganz im ost-grönländischen Polarstrome. Unter 10 bis 20 Faden Tiefe ist das Wasser das ganze Jahr hindurch eiskalt. Im Frühjahr gibt es oft offenes Wasser bis Jan Mayen, namentlich passieren die Seehundsfänger häufig auf der Westseite. Der Sommer ist kalt, eine natürliche Folge der Nähe des eiskalten Wassers an der Oberfläche des Meeres.

Die Flora ist arm, nur ein Dutzend phanerogamer Pflanzen wurden gefunden. Aber doch fehlt der Insel im Sommer ein grünes Kleid nicht, vielmehr bildet der Moosteppich, der grosse Partien des Landes bedeckt, einen ausgezeichnet malerischen Contrast zu den schwarzen, braunen und rothen Tinten der Bergarten. Die Fauna ist ebenfalls nicht reich; Polarfüchse und Seevögel sind die Sommerbewohner. Im Meere dagegen gedeiht das arktische Thierleben vortrefflich.

Der nördliche Theil der Insel ist bis zu einer Höhe von 700 Meter mit ewigem Schnee bedeckt. Der Kegel des Beerenberges ist nur an den schroffsten Stellen, wo die schwarze Bergwand hervortritt, schneefrei; seine Basis erscheint in einen weiten Schneemantel gehüllt, aus dem gewaltige Gletscher, von denen neun das Meer erreichen, herabschiessen. Der südliche Theil von Jan Mayen scheint unterhalb der Schneelinie zu liegen. Grosse Schneeflocken sind jedoch auch hier während des Sommers in den Einsenkungen zu sehen. —

Dieses die Beschreibung Professor *Mohn's*. Frühere Schilderungen der Insel finden wir noch in *Carl Vogt's* «*Nordfahrt entlang der norwegischen Küste nach dem Nordcap, den Inseln Jan Mayen und Island*», welche Fahrt *Carl Vogt* und *Dr. Georg Berna* mit noch drei Genossen im Sommer des Jahres 1861 unternahm, und in *Scoresby's* schon früher citiertem Werke. Aeltere Beschreibungen oder Berichte über die Insel, mit Ausnahme von Notizen über ihre Beschiffung, ihren Hauptberg und seine Gletscher, besitzen wir nicht, obwohl, wie schon erwähnt, sowohl die Holländer als auch die Walfischfänger von Hull in der ersten Hälfte des 17. Jahrhunderts jährlich Jan Mayen zu besuchen pflegten. — Wohl aber ist uns ein Document aus dem Jahre 1633 bis 1634 erhalten geblieben, das über die meteorologischen und Eisverhältnisse der Insel relativ die besten Auskünfte gibt. Es ist dies das Tagebuch von sieben Matrosen, welche der holländischen Walfischerflotte angehörten und die einzigen Menschen gewesen zu sein scheinen, die jemals auf Jan Mayen zu überwintern versuchten. Sie thaten dies infolge Aufforderung der grönländischen Compagnie, angeblich zur Erforschung der wahren Beschaffenheit des Landes im Winter, der Beobachtung der dortigen Nächte und anderer von den Astronomen bis dahin bestrittener Ansichten; thatsächlich handelte es sich dabei wohl um die Errichtung einer Fischereistation und den Versuch einer Colonisierung der Insel. Der Versuch misslang, die sieben Holländer starben, nachdem sie acht Monate auf der Insel zugebracht hatten, an Scorbut, was im Hinblick auf die primitive Ausrüstung, welche die damaligen Culturverhältnisse solchen Expeditionen bieten konnte, nur zu begreiflich ist.

Wir geben in der Anlage II zu diesen Blättern eine wortgetreue Uebersetzung des Tagebuches nach dem englischen Werke *Churchill's: «A Collection of Voyages and Travels, some now first printed from original Manuscripts, others now first published in English, London 1732.»* — Das Tagebuch, welches als Monument der Gewissenhaftigkeit jener sieben einfachen Männer und der Pflichttreue bis in den Tod erhalten zu werden verdient, bietet wohl kein Interesse durch lebhafte Schilderungen; immerhin aber fesseln uns die schlichten, ungeschminkten Worte trotz ihrer Monotonie ganz eigenthümlich. —

Aufgaben der Expedition.

Ueber die eigentlichen Aufgaben der Expedition, nämlich Anstellung von meteorologischen, magnetischen, astronomischen und Polarlicht-Beobachtungen, Vornahme geodätischer Aufnahmen, hydrographischer und naturwissenschaftlicher Beobachtungen und Untersuchungen auf Jan Mayen vom 1. August 1882 bis 1. September 1883, gibt die Anlage I dieser Blätter, ferner das Capitel «Details über die vorzunehmenden Beobachtungen und Untersuchungen», S. 34, die eingehendsten Auskünfte.

Als secundäre Aufgaben, die immerhin von bedeutender Wichtigkeit sind, weil sie sich auf das praktische Leben beziehen, sind die nachfolgenden zu betrachten:

Prüfung der Lebensmittel und Ausrüstungsgegenstände, die alle meist inländischer Provenienz sind, auf ihre Haltbarkeit und auf die beste Art, sie zu conservieren, und Vergleich derselben mit den fremdländischen Erzeugnissen. Aus den Erfahrungen, welche die Beobachtungsstation in dieser Beziehung gewinnt, werden wertvolle Fingerzeige für die Ausrüstung künftiger Expeditionen, die nach dem hohen Norden bestimmt sind, resultieren. Den österreichischen Producenten werden dadurch vielleicht auch Anhaltspunkte gegeben sein, in welcher Richtung ihre Erzeugnisse der Verbesserung bedürftig und verbesserungsfähig sind.

Ueber das *Kropatschek*'sche Repetiergewehr und die *Werndl*-Carabiner — die Handwaffen unserer Armee — werden alle jene Daten zu sammeln sein, die sich auf Tragweite, Functionierung der Bestandtheile, Schmiermateriale etc. beziehen. Die Erfahrungen, welche man in dieser Richtung gewinnt, werden einen schätzenswerten Beitrag zur Kenntnis der Waffen und ihres Verhaltens bei niedrigen Temperaturen bieten.

Die Beobachtungsstation wird es sich ferner zur Aufgabe machen, Schiffen, welche Jan Mayen etwa anlaufen sollten, mit Rath und That beizustehen und ihnen, wenn nöthig, Hilfe und ärztlichen Beistand zu leisten.

Personale der Expedition.

Bei der Wahl des Personales mussten mancherlei Erwägungen platzgreifen. Wer sich der Aufgabe unterzieht, unter abnormen klimatischen Verhältnissen, auf einer unwirtbaren, unbewohnten Insel, ferne von aller Civilisation und den Genüssen derselben und bedroht von Gefahren verschiedenster Art, ein Stück Leben ausschliesslich wissenschaftlichen Arbeiten und oft recht monotonen Beobachtungen zu widmen, der muss, abgesehen von der fachlichen Befähigung zur Lösung seiner wissenschaftlichen Aufgabe, wenigstens annähernd Aehnliches versucht, muss der Gefahr ins Auge geblickt und an sich erfahren haben, inwieweit er physisch und geistig den Einflüssen eines einförmigen und gefahrvollen Lebens auf die Länge der Zeit gewachsen ist. Hier genügt eben der Drang zu derartiger Thätigkeit, der Wunsch, Abnormes zu erleben und zu leisten, nicht. — Es ist demnach begreiflich, dass Graf *Hans Wilczek* das Personale für die auszurüstende Expedition unter den vaterländischen Seeleuten, beziehungsweise unter den Officieren und der Mannschaft der österreichischen Kriegsmarine suchte: hatte ja doch *Weyprechts* Nordfahrt bewiesen, dass Oesterreich und seine Marine auch in dieser Richtung eben so Grosses zu leisten im Stande sei, als irgend eine andere Nation! — Die Leitung der k. k. Kriegsmarine gieng mit Genehmigung S. M. des Kaisers um so bereitwilliger auf die Wünsche des Grafen *Wilczek* ein, als die von den andern Staaten gleichzeitig errichteten Beobachtungsstationen fast durchwegs auf Staatskosten ausgerüstet werden. — Es wurde demnach bewilligt, dass fünf See-Officiere und ein Marine-Arzt an der Expedition theilnehmen und dass das niedere Personale unter der Reservemannschaft der Marine ausgewählt werde.

Nachfolgend das Verzeichnis der Officiere und Matrosen, welche, durchwegs Freiwillige, an der Expedition theilnehmen:

Rangsfolge	Name	Charge	Geburtsort	Alter
1	Emil von Wohlgemuth	K.k.L.-Sch.-Lieutenant	Lemberg	38
2	Richard Basso	detto	Triest	28
3	Adolf Bobrik von Boldva	K. k. L.-Sch.-Fähnrich	Mehadia	28
4	Adolf Sobieczky	detto	Mitrovitza	28
5	August Gratzl	detto	Pressburg	27
6	Dr. Ferdinand Fischer	Corvettenarzt	Colomea	31
7	Stefan Rocco	Bootsmannsmaat	Rovigno	30
8	Johann Samanich	Titular-Bootsmannsmaat	Veglia	26
9	Gustav Marterer	Maschinen-Quartiermeister der Reserve	Königinhof	26
10	Josef Baretincich	Marsgast der Reserve	Sebenico	32
11	Engel Furlani	Matrose der Reserve	Triest	24
12	Natale Josef Giordana	beurlaubter Matrose	Fiume	20
13	Anton Mikacich	beurlaubter Matrose	Lesina	22
14	Thomas Diminich	Handelsmatrose	Portorè	37

Ausrüstung der Expedition: Instrumente, Bekleidung, Lebensmittel, Bewaffnung.

Die Kosten des gesammten Ausrüstungsmateriales der Expedition, mit Ausnahme einiger Instrumente und Bücher und eines Theiles der Bewaffnung und Munition, sowie die Entlohnung der Mannschaft trägt Se. Excellenz Graf *Hans Wilczek*. Wie bis in die minimalsten Details an alle möglichen Bedürfnisse der kleinen Gemeinde gedacht und in wie munificenter Weise für alles und jedes vorgesorgt wurde, geht wohl am besten aus der Anlage III, dem «*Inventar der österreichischen arktischen Beobachtungsstation*», hervor. Es möchte vielleicht auf den ersten Blick als überflüssig erscheinen, dass wir einem einfachen Verzeichnisse von mehr als tausend Gegenständen Raum in unserer Broschüre geben; aber einerseits können selbst viele Worte kein so deutliches Bild dessen bieten, was die Beobachtungsstation zu thun und zu lassen, zu geniessen und zu ertragen haben wird, als die Durchsicht dieses Inventars, andererseits wurde Aehnliches — unseres Wissens wenigstens — bisher noch nicht veröffentlicht, und künftige Expeditionen mögen vielleicht in dem Inventar mühelos einige Anhaltspunkte für die eigene Ausrüstung finden.

Die Grundsätze, nach welchen bei Beschaffung der Ausrüstungsgegenstände vorgegangen wurde, sind in der «Vorbemerkung» zum Inventar enthalten. Es bleibt uns demnach hier nur wenig beizufügen.

Die Expedition ist mit allen jenen **Instrumenten** und **Apparaten** versehen, welche zur vollständigen Durchführung des Programmes erforderlich sind. Einige Instrumente wurden vom hydrographischen Amte der k. k. Kriegsmarine mit höherer Genehmigung leihweise zur Benützung überlassen; das k. k. Ministerium für Cultus und Unterricht lieh in gleicher Weise ein Passage-Instrument und eine Normaluhr, Herr Hofrath Professor Ritter *v. Oppolzer* ein neues Büchsenchronometer vorzüglicher Qualität.

Die Sternkarten und lithographierten Skizzen der Insel sowie einen Recognoscierungs-Apparat stellte das k. k. Reichs-Kriegsministerium bei.

Unter den drei Booten, welche der Beobachtungsstation zur Verfügung stehen werden, befindet sich auch ein Fangboot, das schon der Weyprecht'schen Expedition mit dem «Tegetthoff» Dienste leistete und welches von der k. k. Marine-Section zur Benützung überlassen wurde. Ein zweites derartiges Boot, ferner ein kleineres für die Vogeljagd werden in Bergen gebaut. Die Polarfahrer *E. v. Orel* und *G. v. Brosch*, ferner der österreichische Polarreisende *Klutschak*, bekannt durch sein Werk «Als Eskimo unter den Eskimos», ertheilten freundlichst ihren Rath über die zweckentsprechendste Construction und den Bau solcher Boote und der erforderlichen Schlitten.

Bei Anschaffung der **Bekleidung** wurden die Erfahrungen der Weyprecht'schen Expedition mit «Tegetthoff» und jene späterer Polar-Expeditionen verwertet. Für die Pelzkleider wurde Renthierfell gewählt, welches den Vortheil hat, selbst bei grosser Kälte geschmeidig zu bleiben. Durch die Bereitwilligkeit des Herrn *Klutschak* wurden bei der Herstellung der Anzüge alle Erfahrungen verwertet, welche er während seines zweijährigen Aufenthaltes unter den Eskimos zu sammeln Gelegenheit hatte.

Der Vorrath an **Lebensmitteln** wurde für 100 Wochen auf Grund der Speisetabellen, Seite 28 und 29, berechnet, wobei zwei Kilogramm feste Nahrung als tägliches Erfordernis per Kopf angenommen wurden, u. zw. hievon circa 1 Kilogramm Brot, $^1/_2$ Kilogramm Fleischnahrung, $^1/_2$ Kilogramm Gemüse und Zuthaten. Das tägliche Ausmass an geistigen Getränken wurde mit $^1/_3$ Liter Wein und $^1/_{28}$ Liter Rum bestimmt.

In die Speisetabellen wurde die möglichste Abwechslung zu bringen getrachtet.

Die Expedition ist demnach bei Ausgabe der vollen Ration auf zwei Jahre verproviantiert; rechnet man dazu noch die Ausbeute der Jagd und Fischerei — die schon der körperlichen Bewegung wegen systematisch betrieben werden müssen — an Federwild, Bären, Seehunden und Fischen, ferner den Vorrath an antiscorbutischen Mitteln (200 Dosen Molterbeeren, 200 Liter Limoniensaft, die Fruchtconserven u. s. w.), so resultirt, dass Lebensmittel selbst für die extremsten Fälle reichlich zur Verfügung stehen und dass das Möglichste geschehen ist, um den schlimmsten Feind einer derartigen Expedition, den Scorbut, abzuwehren und zu bekämpfen.

Nachfolgend die Provenienz der Lebensmittel. Die verschiedenen Gattungen von conserviertem Fleisch wurden aus Amerika, Deutschland (Hamburg) und Oesterreich-Ungarn bezogen; Schweinefleisch, Speck, Mehl, Zwieback, Käse, Hülsenfrüchte, Gemüse, Früchte, eingesottene Früchte, Chocolade und Wein stammen aus Oesterreich, Gewürzconserven und Fleischpulver aus Sachsen, condensierte Milch aus der Schweiz. Die Verpackung der Lebensmittel geschah derart, dass jeder Artikel mindestens in zwei Partien gesondert ist, dass also der Proviant für fünfzig Wochen separat gestaut werden kann. Für die erste Zeit nach dem Anlangen auf der Insel, während welcher das Wohnhaus, die Vorrathsräume, Küche etc. erst gebaut und eingerichtet werden müssen, dient der Campierungsproviant. Er ist in Kisten verpackt, welche zusammen alle Erfordernisse zur Bereitung von 560 Rationen enthalten.

Die **Bewaffnung** der Expedition besteht aus sechs Kropatschek'schen Repetiergewehren, mit denen bei Benützung des Magazins neun Schüsse nach einander abgegeben werden können, sechs Werndl-Carabinern mit verlängerter Patrone (Modell 1877), einem Stahlbronze-Carabiner, zwei Stahlbronze-Revolvern und sechs Lefaucheux-Büchsflinten. Die drei aus Uchatius-Stahlbronze eigens erzeugten Waffen sollen den Officieren, welche an den magnetischen Instrumenten zu beobachten haben, als eventuelle Schutzwaffe dienen. Mit Ausnahme der Federn aus Stahl ist das Materiale derselben nur Bronze und Holz, daher sie in nächster Nähe der magnetischen Instrumente deponiert werden können, ohne dass ein Einfluss derselben auf die Magnete zu befürchten wäre.

Die Projectile der Handwaffen sind zur Erhöhung der Durchschlagskraft aus Hartblei eigens erzeugt, um dem Abplatten derselben beim Durchdringen des Zieles möglichst vorzubeugen.

Die Wohn- und Beobachtungshäuser auf Jan Mayen.

Die Aufzeichnungen im Tagebuche der sieben Holländer, welche 1633—34 auf Jan Mayen zu überwintern versuchten, geben über das dortige Klima Aufschlüsse genug, dass aus denselben für die jetzige Expedition Nutzen gezogen werden konnte. Am 30. August finden wir schon leichten Schneefall notiert, und am 20. April noch meldet der gewissenhafte Führer des Journals, dessen Aufzeichnungen zehn Tage später durch den Tod ein Ende hatten, eine Schneenacht; wiederholt finden wir ferner die Bemerkung, dass es den Leuten unmöglich war, des starken Schnees wegen ihre Hütten zu verlassen, und dass durch den Mangel an körperlicher Bewegung ihr Scorbutleiden verschlimmert wurde. Dazu häufige Stürme und grosse Kälte, — demnach ein recht harter Winter durch volle acht Monate. — Diese Momente durften bei der Construction, Eintheilung und Anlage der Häuser für die Beobachtungsstation nicht übersehen werden.

Ein anderes, hiebei zu berücksichtigendes Moment war die Aufstellung der magnetischen Instrumente. Dieselben müssen jedenfalls weit genug von den in den Wohn- und Arbeitshäusern untergebrachten Eisenmassen installiert sein, können aber doch nicht in eigenen, von den Wohnräumen getrennten Beobachtungshäusern untergebracht werden, weil bei Schneefall und stürmischem Wetter der Verkehr für die Beobachter zu beschwerlich und öfteres Schneeschaufeln nothwendig wäre. Auch würde der Beobachter bei Schnee, Regen oder Nebel mit seinen

Kleidern Feuchtigkeit in das Beobachtungshaus tragen und dadurch das Belegen der Spiegel und Fernrohre der Instrumente verursachen.

Demnach ergab es sich als nothwendig und zweckmässig, das Wohnhaus durch einen gedeckten Gang mit den Beobachtungshäusern zu verbinden.

Damit ist dem erwähnten Uebelstande bezüglich der Instrumente abgeholfen und zugleich ein Raum gewonnen, welcher dem Personale der Expedition gestattet, auch bei schlechtem Wetter genügend Bewegung zu machen. Die Meridian-Mire, welche zum Ablesen des Winkels zu dienen hat, den die Nadelspitze des Magnetes mit irgend einem fixen Punkte einschliesst, kann bei dieser Combination ebenfalls unter Dach gebracht werden.

Es ist selbstverständlich, dass die Längenachse der Häuser mit der Richtung des herrschenden Windes parallel laufen muss. Demnach liess sich die Stirnseite derselben, welche dem vorherrschenden Winde quer gegenüber liegen wird, von möglichst kleinen Dimensionen halten und damit eine Eindeckung erzielen, die leicht und entsprechend stark ist und mit den Wänden solid verbunden werden kann. Ausserdem musste die Dachconstruction noch den Bedingungen entsprechen, dass die Dachflächen genügende Neigung haben und dass grosse Bodenräume vorhanden sind, um recht viel Materiale in denselben unterbringen zu können. Allen diesen Anforderungen entsprach die vom Herrn Ingenieur *Völkner* in Wien vorgeschlagene Spitzbogen-Construction. Die Häuser bekamen dadurch ungefähr die Form von umgestürzten Schiffen, und damit war auch für das doppelwandige System gegenüber dem Blockhaus- und Riegelwand-System entschieden.

Der Zwischenraum zwischen Aussen- und Innenplanken der Wände wird mit Fichtenfaser (dünnen Hobelspänen) ausgefüllt. Die ganze Art der Zusammensetzung der Wände bietet den Vortheil, dass man einfache Bautheile von gleichen Dimensionen verwenden, dieselben rasch und leicht aufstellen und schadhafte Stücke wechseln kann. Die Aussenflächen der Häuser sind mit dichter Dachpappe bekleidet, die Innenwände der Wohnräume mit Korktapete (Corticina) tapeziert.

Die Bestandtheile jeder einzelnen Baulichkeit wurden auf der Innenseite durch Bemalen mit je einer anderen Farbennuance gekennzeichnet, überdies von aussen sorgfältig mit Buchstaben etc. markiert, so dass bei der seinerzeitigen Aufstellung eine Verwechslung der Bautheile nicht möglich ist und auch Matrosenhände diese Arbeit verrichten können.

Die innere Einrichtung des Wohnhauses musste derart getroffen werden, dass für die Officiere und für die Mannschaft mindestens je ein gesonderter Wohnraum vorhanden und dass die Küche isoliert sei,

damit Eisbildungen infolge von Dünsten aus der Küche möglichst hintangehalten werden. Diese Isolierung ist durch eine Art Vorraum erreicht, in welchem die Kleider abgelegt werden können und dessen Temperatur den Uebergang von der Kälte der äusseren Luft zur Zimmerwärme bilden soll.

Für die Höhe der Wohnräume war die Ansicht massgebend, dass es vortheilhaft sei, die Betten hoch zu placieren und tagsüber in die Höhe gezogen zu halten, damit in den Zimmern mehr Raum für die freie Bewegung des Personales bleibe. Der Flächenraum des Wohnhauses wurde so bemessen, dass eben noch die erforderliche Anzahl von Bettstellen placiert werden kann, ohne dieselben in zwei Etagen über einander anordnen zu müssen. — Die Oefen wurden zur Erzielung einer ausgiebigen Beheizung in die Mitte der Zimmer gestellt.

Bei dem Entwurfe der Beobachtungshäuser endlich war der Bedingung nachzukommen, dass die Magnete der in denselben zur Aufstellung gelangenden acht Apparate sich nicht gegenseitig beeinflussen dürfen, und dass die Scalen der sechs Ablese-Fernrohre der Variations-Instrumente 1719 Millimeter von den Spiegeln der Magnete entfernt sein müssen.

Die Baulichkeiten werden auf Rahmen aufgestellt, die mittelst Pflöcken und durch Anschutt von Kohlenschlacke unverrückbar gemacht sind. — Isolierplatten, mit Asphalt getränkt, schützen gegen die vom Boden eindringende Feuchtigkeit.

Die Sternwarte, das Thermometerhaus, das Lebensmittelmagazin, welches den Proviant für die zweiten fünfzig Wochen enthält, und das Pulverdepot bilden selbständige Annexe.

Die gesammten Baulichkeiten wurden im k. k. See-Arsenale zu Pola erzeugt und daselbst versuchsweise, u. zw. ohne Anstand aufgestellt. Die Ansicht auf Seite 23 gibt ein genaues Bild dieser provisorischen Aufstellung, während sich auf der hier gegenüberstehenden Seite der entsprechende Grundriss, jedoch mit Ausschluss der Annexe, befindet. Die Gruppierung des Ganzen ist die günstigste, die erreicht werden kann; ob jedoch nicht an Ort und Stelle Veränderungen an derselben vorgenommen werden müssen, hängt jedenfalls von dem mehr oder weniger günstigen Terrain auf Jan Mayen ab.

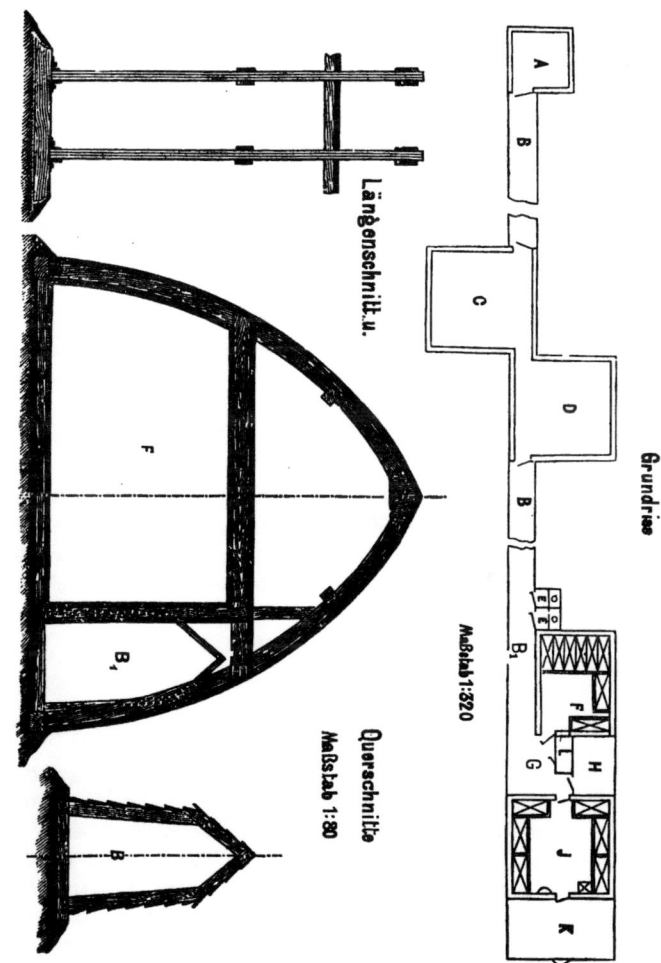

Folgendes die Legende zu den Zeichnungen:

A magnetisches Haus III (für absolute Beobachtungen);
B Gänge;
B_1 Gang längs des Mannschaftsraumes;
C magnetisches Haus I (erster Satz Variations-Instrumente);
D magnetisches Haus II (zweiter Salz Variations-Instrumente);
E Aborte;
F Mannschaftsraum;
G Arbeitsraum;
H Küche;
I Officiers-Cajüte;
K Vorrathskammer;
L Badecabine;
M* Thermometerhaus;
N* astronomisches Observatorium;
O* Wohnhaus;

Einer alten, ehrwürdigen Seemannssitte getreu, wurden die Baulichkeiten, als sie vollständig im Arsenale aufgestellt waren, im Flaggenschmuck prangend und in Gegenwart zahlreicher Marine-Angehörigen eingesegnet.

Die Stationshäuser werden nach Beendigung der Expedition nicht abgebrochen, sondern auf Jan Mayen zurückgelassen, um Walfischfahrern oder Schiffbrüchigen eventuell eine sichere, bewohnbare Zufluchtsstätte zu bieten und die Wiederaufnahme späterer Beobachtungen, falls solche stattfinden sollten, zu erleichtern.

Instructionen für die österreichische Beobachtungsstation.

Zweck der Expedition ist die Anstellung derjenigen obligatorischen und facultativen wissenschaftlichen Beobachtungen auf Jan Mayen, welche durch die Petersburger Polarconferenz 1881 festgestellt wurden.

Leiter der Expedition. Leiter der Expedition ist der von Seiner Excellenz dem Grafen *Hans Wilczek* fürgewählte und auf Grund Allerh. Ermächtigung S. M. des Kaisers seitens des k. k. Reichs-Kriegsministeriums (Marine-Section) auf die Expeditionsdauer beurlaubte Linienschiffslieutenant *Emil von Wohlgemuth*. Ihm obliegt im vollen Umfange die Sorge für das Gelingen des Unternehmens. Er hat das Befehlsrecht über die gesammten Mitglieder der Expedition in derselben Weise, wie dies dem

---

* Sieh Ansicht Seite 23.

Commandanten eines Kriegsschiffes im Dienstreglement für die k. k. Kriegsmarine eingeräumt ist.

Obwohl mit Rücksicht auf die ungewöhnlichen Verhältnisse, unter welchen eine solche Expedition zu wirken berufen ist, dem Führer derselben keine in die Details eingehenden Instructionen gegeben werden können, ihm vielmehr überlassen bleiben muss, überall die besten, im Rahmen seiner Befugnisse liegenden Mittel zur rechten Zeit und am richtigen Orte anzuwenden, um das angestrebte Ziel zu erreichen, so werden doch die nachfolgenden, allgemein gehaltenen Directiven für ihn massgebend sein.

1.) Der Commandant verfasst sogleich nach der unter seiner Leitung geschehenen Einrichtung der Station und nach gewonnener Einsicht in die Verhältnisse der Insel die definitiven Instructionen für den regelmässigen Dienstgang und regelt mit Zuratheziehung der betreffenden Officiere die etwa nothwendigen endgiltigen Details für die vorzunehmenden Beobachtungen und Untersuchungen.

Alle diese Instructionen müssen niedergeschrieben werden, damit jeder Officier, der etwa zur Nachfolge im Commando berufen sein könnte, dasselbe übernehmen und im gleichen Geiste weiterführen könne.

2.) Der Commandant ist Leiter der gesammten Beobachtungen und Untersuchungen. Er vertheilt nach eigenem Ermessen und selbstverständlich mit Berücksichtigung des Specialfaches, für welches die Einzelnen vorgebildet sind, die Beobachtungsgruppen unter die Officiere. In Erkrankungs- oder Todesfällen bestimmt er, in welcher Weise die Arbeiten für den Erkrankten oder Verstorbenen weiter zu führen sind.

3.) Das lebhafteste Interesse muss der Commandant daran nehmen, dass die Mitglieder der Expedition körperlich und geistig frisch erhalten bleiben, und auf diesen Punkt muss sein Augenmerk ganz besonders gerichtet sein. Arbeit und Bewegung, also Jagd, Fischerei, Sammeln von Treibholz, Spiele im Freien etc. werden unter günstigen Witterungsverhältnissen, häusliche und Professionsarbeiten bei ungünstiger Witterung in dieser Beziehung von besonderem Vortheil sein. Von gleicher Wichtigkeit ist es, dass in der Kost so viel Abwechslung herrsche, als mit den gegebenen Vorräthen zu erreichen möglich ist, und dass die antiscorbutischen Mittel rechtzeitig angewendet werden. Die nachfolgenden Speisetabellen, auf Grund welcher die Vorräthe der Expedition angeschafft wurden, sollen so lange als Richtschnur dienen, bis Erfahrungen in dieser Beziehung oder sonstige zwingende Verhältnisse den Commandanten zu etwaigen Aenderungen derselben veranlassen werden.

Frühstück-Tabelle.

Gegenstand		Sonntag Dienstag Donnerstag Samstag	Montag Mittwoch Freitag
Brot (oder Zwieback)	kg	0·200	0·200
Butter	»	0·025	0·025
Zucker	»	0·025	0·025
Kaffee	»	0·040	—
a) Chocolade, b) Cacao	»	—	0·045
Condensierte Milch	»	0·025	0·025
Käse	»	0·050	0·050
Summe ...		0·365	0·370

Mittagmahl-Tabelle.

	Erste Woche	Zweite Woche
Montag	Reisbouillon mit Erbsen. Rauchfleisch mit Sauerkraut.	Einbrennsuppe mit Brot. Gesalzenes Schweinefleisch mit Sauerkraut. Gebackene Maccaroni mit Zwetschken.
Dienstag	Erbsensuppe. Corned-Beef mit Kohl. Nudeln mit Käse und Paradeis.	Reisbouillon mit Paradeis. Rauchfleisch mit Linsen.
Mittwoch	Reisbouillon mit Kohl. Boiled-Beef mit Erbsen.	Erbsensuppe. Beefsteak oder Corned-Beef mit Reis und Pickles.
Donnerstag	Griesbouillon. Boeuf à la mode oder Rauchfleisch mit Sauerkraut.	Reisbouillon mit Kohl. Gebratene Hühner oder Boiled-Beef mit Bohnen.
Freitag	Reisbouillon mit Huhn oder mit Erbsen. Mouton mit Gurken. Abgeschmalzene Nudeln.	Gerstengraupen-Bouillon. Carbonade oder Rauchfleisch mit Sauerkraut.
Samstag	Nudelbouillon. Kalbsbraten oder Corned-Beef mit Reis und Compot.	Reisbouillon mit Huhn oder mit Erbsen. Schweinsbraten mit Kartoffeln.
Sonntag	Reisbouillon mit Kartoffeln. Gulasch mit Kartoffeln. Mehlspeise.	Englische Krautsuppe. Mouton mit Gurken. Rostbeef mit Gurken und Senf. Griessschmarn mit Rosinen und Zwetschken.

Ausserdem 500 Gramm frisches Brot per Kopf täglich.

Abendmahl-Tabelle.

Gegenstand	Tag	Per Kopf
Brot (oder Zwieback) .	jeden	0·300 *kg*
Butter	Montag, Mittwoch, Freitag	0·025 »
Speck	Sonntag, Dienstag, Donnerstag, Samstag	0·050 »
Zucker	jeden	0·034 »
Rum	jeden	0·018 *l*
Thee	jeden	0·0045 *kg*
Polenta	Samstag, Donnerstag	0·100 »
Boiled-Beef	Montag, Freitag	0·100 »
Corned-Beef	Mittwoch, Samstag	0·100 »
Schinken	Dienstag, Sonntag	0·100 »
Zunge oder Wurst . .	Donnerstag	0·100 »
Summe . . .	durchschnittlich	0·506 »

4.) Der Commandant bestimmt den Zeitpunkt, an welchem die Station abzubrechen ist.

Sollte das Schiff, welches der Expedition für Anfang August 1883 zur Abholung in Aussicht gestellt wurde, bis 15. August nicht auf Jan Mayen eingetroffen sein, so wird er mit seinen Officieren Kriegsrath halten und je nach dem Ergebnisse desselben die Insel mit Booten Ende August verlassen oder weiter ausharren.

Die Nachricht von der Abreise mit Booten muss auf der Insel an den Cairns der Nord- und Südseite kundgethan werden.

5.) Im Todesfalle übernimmt der dem Commandanten im Range nächste Officier das Commando der Expedition. Bei Erkrankung oder Siechthum des Commandanten ist der rangsälteste Officier bloss der Stellvertreter desselben, und zwar mit denselben Rechten und Pflichten, wie sie im analogen Falle für den Gesammt-Detailofficier eines k. k. Kriegsschiffes gelten.

6.) Der Commandant wird während des Aufenthaltes auf Jan Mayen jede Gelegenheit zur Beförderung von Nachrichten nach der Heimat benützen und im gegebenen Falle Sr. Excellenz dem Grafen *Hans Wilczek* sowie dem k. k. Reichs-Kriegsministerium (Marine-Section) je einen Bericht über den Verlauf der Expedition einsenden.

7.) Die Reductionen und Berechnungen der Beobachtungen sind so weit als thunlich an Ort und Stelle durchzuführen; betreffs ihrer

Finalisierung werden die Beschlüsse der nächsten internationalen Polar-Conferenz massgebend sein.

Die naturwissenschaftlichen Sammlungen sind für die vaterländischen Museen, beziehungsweise Institute, bestimmt; über Doubletten wird nach Rückkehr der Expedition besonders verfügt werden.

Die übrigen Officiere. Indem sich die Officiere zur Theilnahme an der Expedition schriftlich bereit erklären, verpflichten sie sich, dem Leiter derselben in jeder Beziehung in gleicher Weise Gehorsam zu leisten, wie dies das Dienstreglement der k. k. Kriegsmarine vorschreibt, und ihm mit aller Hingebung, Aufopferung und Selbstverleugnung jene Unterstützung zu bieten, welche für das glückliche Gelingen des Unternehmens nothwendig ist.

Da sie sich freiwillig der Expedition zur Verfügung gestellt haben, können von ihnen, die im Dienste der k. k. Kriegsmarine grossgezogen wurden und an die Entbehrungen und Mühen des Seelebens gewöhnt sind, hervorragende Leistungen und unermüdliche Ausdauer erwartet werden.

Im besondern wird Folgendes festgesetzt:

1.) Die vier See-Officiere und der Marine-Arzt sind, insoweit es sich nicht um die Stellvertretung des Commandanten handelt, einander vollständig gleichgestellt.

2.) Die vorzunehmenden Beobachtungen und Untersuchungen werden unter die Officiere folgendermassen vertheilt:

a) Die astronomischen Beobachtungen besorgt Linienschiffslieutenant *Richard Basso;* er ist zugleich der Photograph der Expedition.

b) Die Nordlicht-Beobachtungen, die Beobachtungen über die Luftelektricität, die Erdströme etc., sowie die geodätischen Arbeiten sind Aufgabe des Linienschiffsfähnrichs *Adolf v. Bobrik;* er sorgt für die Instandhaltung der Waffen.

c) Die meteorologischen Beobachtungen fallen dem Linienschiffsfähnrich *Adolf Sobieczky* zu; er besorgt auch die Ausgabe des Proviantes und leitet die Gebarung mit den Lebensmittelvorräthen.

d) Die magnetischen Beobachtungen werden vom Linienschiffsfähnrich *August Gratzl* besorgt; er ist zugleich der Gehilfe des Linienschiffsfähnrichs *v. Bobrik* bei den geodätischen Arbeiten.

e) Die naturgeschichtlichen Untersuchungen und Sammlungen sind nebst der Gesundheitspflege das Ressort des Arztes der Expedition, *Dr. Ferdinand Fischer.*

3.) Es ist selbstverständlich, dass jeder Officier, welcher bei einer Arbeit assistirt, zu deren Leitung er nicht berufen ist, sich dem betreffenden Leiter der Arbeit unterordnet.

4.) Die fünf Officiere versehen tourweise den Wachdienst der Station in der Weise, wie dies unter Absatz «Allgemeines über den Dienstbetrieb und den Wachdienst» dieser Instructionen näher ausgeführt ist. Die Dauer einer Wache wird an Ort und Stelle mit Rücksichtnahme auf die Witterungsverhältnisse oder sonstige Dienstes- und Bequemlichkeitsrücksichten vom Leiter der Expedition bestimmt werden.

5.) Es wird von den Officieren vorausgesetzt, dass sie einander, wo dies nothwendig sein sollte, gegenseitig in ihren Arbeiten freiwillig unterstützen und dadurch nach Kräften beitragen werden, die Aufgaben der Expedition zu lösen.

6.) Keinem Mitgliede der Expedition ist es gestattet, nach Rückkehr der Expedition über die gesammelten Objecte, Karten, Photographien, Zeichnungen und Aufschreibungen, zu denen die Expedition die Mittel bot, eigenmächtig zu verfügen.

Das niedere Personale. Das niedere Personale, welches sich ebenfalls freiwillig der Expedition angeschlossen hat, übernimmt damit, gleich den Officieren, die Pflicht des militärischen Gehorsams und hingebender, aufopfernder Thätigkeit im Interesse der Sache.

Für die zur activen Mannschaft der k. k. Kriegsmarine zählenden Personen gelten in dieser Beziehung die entsprechenden Satzungen des Dienstreglements, für die Mannschaft der Reserve und den Handelsmatrosen jene Bestimmungen, welche für das an Bord S. M. Kriegsschiffe eingeschiffte Civilpersonale in Kraft stehen.

Die Dienstespflichten und die Rangordnung der Mannschaft werden wie folgt festgesetzt:

Bootsmannsmaat *Stefan Rocco* hat die Aufsicht über die Materialvorräthe und Baulichkeiten, insbesonders über Boote und Schlitten, ist im Range der Höchste und nimmt unter der Mannschaft die gleiche Stellung ein, wie der erste Bootsmann an Bord eines Kriegsschiffes. Als solcher beaufsichtigt er die Ausführung aller Kraftarbeiten.

Dem Titular-Bootsmannsmaat *Johann Samanich* fallen alle Segelmacher- und einschlägigen Arbeiten zu; er ist der Zweite im Range, beaufsichtigt den Arbeitsraum, gibt die Lebensmittel aus und überwacht das Gebaren in der Küche.

Maschinen-Quartiermeister *Gustav Marterer* functioniert als Mechaniker, Uhrmacher und Büchsenmacher, hat somit ausser der Besorgung der Eisen- und Metallarbeiten für die Instandhaltung und Reparatur der Uhren, Instrumente, Waffen, Oefen, Lampen etc. Sorge zu tragen. Er ist im Range der dritte Unterofficier.

Steuergast der Reserve *Josef Baretincich* ist erster Zimmermann, Tischler und Schmied.

Matrose der Reserve *Engel Furlani* ist Kalfaterer, Zimmermann und Tischler.

Beurlaubter Matrose *N. Josef Giordana* ist Zimmermann und Tischler.

Beurlaubter Matrose *Anton Mikacich* ist Koch, Fleischer und Bäcker; er besorgt den Bedarf an Schmelzwasser.

Handelsmatrose *Thomas Diminich* ist Schuster und zugleich Officiersdiener, eventuell Krankenwärter.

Ausser den Arbeiten ihrer Profession, den Eis- und Schnee-Arbeiten, den Leistungen in den Booten etc. tournieren der Segelmacher, der Mechaniker und die drei Zimmerleute bei Tag und Nacht im Wachdienste.

Besonders hervorragende Leistungen der Unterofficiere und Matrosen werden durch Geldremunerationen, welche der Commandant nach Rückkehr der Expedition in Antrag zu bringen hat, belohnt werden. Hingegen wird nicht zufriedenstellende Aufführung durch Lohnabzug bis zur Hälfte des Heuerbetrages bestraft, wie dies auch in den Contractbedingungen für das niedere Personale aufgenommen erscheint.

Der Aberkennung eines Lohntheiles hat jedenfalls eine commissionelle Verwarnung vorauszugehen. Sollten derartige Abzüge eintreten, so werden die dadurch gesammelten Gelder nach Rückkehr der Expedition commissionell an jene Personen des Mannschaftsstandes vertheilt, welche sich während der ganzen Dauer der Expedition durch musterhaftes Betragen ausgezeichnet haben.

Allgemeines über den Dienstbetrieb und den Wachdienst.
Wie schon unter dem Absatze «Leiter der Expedition» angeführt, werden die Detail-Instructionen für den regelmässigen Dienstbetrieb erst nach der Ankunft und Etablierung der Station auf Jan Mayen ausgearbeitet werden.

Die Wochenordnung soll jene Verrichtungen regeln, welche entweder täglich allen Personen zukommen oder fallweise vorzunehmen sind. Sie begreift die Festsetzung der Stunden für die Arbeit und die Mahlzeiten, für die Nachtruhe, die körperliche Reinigung und die Bäder. Bestimmungen werden ferners zu treffen sein über die Ventilation, Trockenhaltung und Beheizung der Stationsgebäude, über das Gebaren mit Feuer und Licht und mit den Lebensmittelvorräthen, über das Tabakrauchen, die Wasserversorgung, die sanitären Massregeln, über Signale, Alarmrufe und Orientierungsbehelfe, zumal bei Detachierungen.

Der Sonntag ist in der Regel als ein Ruhetag zu betrachten.

Die Einhaltung der Tagesordnung, die Ausführung der regelmässigen Verrichtungen und die Aufrechthaltung der Ordnung in den Stationsgebäuden überwacht der jeweilige Wachofficier und ist hiefür verantwortlich.

Ganz besonders hat er dafür zu sorgen, dass Gewehre und Munition in der nöthigen Anzahl und im guten Zustande jederzeit bereit stehen und dass die Vorsichtsmassregeln zur Abwendung von Feuersgefahr strenge eingehalten werden.

Der Wachofficier trifft ferners bei besonderen Vorfällen, drohenden Gefahren, abnormalem Wetter etc. die augenblicklich nothwendigen Verfügungen und setzt den Commandanten, und gebotenen Falles auch den betreffenden Fachofficier, sogleich davon in Kenntnis.

Dem Wachofficier ist einer der früher genannten Unterofficiere oder Zimmerleute zur Assistenz für die Besorgung des laufenden Dienstes beigegeben, der sich nicht aus dem Rayon der Station entfernen darf und zunächst den Befehlen dieses Officiers untersteht.

Der Wichtigkeit des Gegenstandes wegen seien hier aus den zu entwerfenden Detail-Instructionen noch die folgenden Punkte herausgegriffen:

Niemand darf das Stationsgebäude unbewaffnet verlassen; das Abgehen von der Station und die Rückkehr zu derselben ist dem Wachofficier von den Officieren mitzutheilen, von der Mannschaft zu melden.

Jeden Abend, und während der Winternacht auch zu einer Frühstunde, wird der Commandant mit dem Bootsmanne und einem von der Wache abgekommenen Matrosen einen Rundgang in den Stationsgebäuden und in deren Umgebung machen, um sich von der Ordnung in allen Räumlichkeiten und von der Durchführung aller Sicherheitsmassregeln zu überzeugen.

Ausser den erwähnten Dienstesobliegenheiten hat der Wachofficier noch die Pflicht, alle Vorfallenheiten während der Wache, welche für den Verlauf der Expedition von Wichtigkeit und Interesse sind, in dem aufliegenden Stations-Tagebuche niederzuschreiben.

Endlich obliegt ihm die Sammlung der laufenden Beobachtungsdaten und die Eintragung derselben in die eigens dazu bestimmten Aufschreibebücher; diese Eintragungen sind deutlich leserlich mit Bleistift zu machen. Die Aufschreibebücher müssen als ein unantastbares Document betrachtet und es darf an den Aufzeichnungen nachträglich absolut nichts geändert werden.

Diese Documente sowie alle übrigen Beobachtungs- und Rechnungsbücher sind wöchentlich einmal vom Commandanten zu revidieren und zu unterfertigen.

Details über die vorzunehmenden Beobachtungen und Untersuchungen.

Sowohl bezüglich der in den Verhandlungen der dritten internationalen Polarconferenz 1881 als obligatorisch, wie auch der als facultativ bezeichneten Beobachtungen sind die Directive in den genannten Verhandlungen (Anlage I) gegeben. Folgendes bleibt diesen Directiven für die Station Jan Mayen beizufügen:

Die Ablesungen an den verschiedenen Instrumenten und Apparaten sind im allgemeinen in der Reihenfolge vorzunehmen, wie dies dem Aufstellungsorte derselben entspricht. Die magnetischen Apparate müssen jedoch stets *vor* den übrigen abgelesen werden.

Die Eintragung der Beobachtungsdaten in die betreffenden Aufschreibebücher hat, wie schon früher gesagt, mit Bleistift zu geschehen, während das Berechnen der Daten und das Uebertragen derselben in die Reinschrift in der Regel mit Tinte vorgenommen werden soll. Ergibt sich auf dem Wege der Rechnung, beziehungsweise durch ein unmögliches Rechnungsresultat, irgend ein Beobachtungs- oder Aufschreibefehler, z. B. ein $+$ statt eines $-$, so ist bloss die Reinschrift richtig zu stellen; zur betreffenden Date der Originalaufschreibung darf in diesem Falle nur ein Fragezeichen mit Rothstift beigesetzt werden.

Beobachtungen von Phänomenen, deren Zeitdauer zum voraus nicht bestimmbar ist, dürfen nur in Fällen äusserster Nothwendigkeit abgebrochen werden; es ist demnach immer der Commandant oder ein Ersatzmann zu rufen, falls z. B. während eines Phänomens der Wachofficier verhindert würde, die an bestimmte Stunden gebundenen Ablesungen vorzunehmen.

a) Meteorologische Beobachtungen. Mit den *meteorologischen* Beobachtungen wird sogleich nach der Landung begonnen.

Alle *Thermometer,* sowohl die im Thermometerhause untergebrachten als jene im Beobachtungshause, Vorraume und den Wohnräumen, sind zur bestimmten Stunde abzulesen.

Das *Hygrometer Saussure,* das *Psychrometer-Thermometer,* ein *Alkohol-Thermometer,* ein *Wage-Vaporimeter* und ein paar *Maxima-* und *Minima-Thermometer* sind im Thermometerhause zu installieren.

Die *Temperatur des Meerwassers* ist gelegentlich der Ablesungen am Flutmesser zu notieren; ebenso zu den bestimmten Stunden die *Bodentemperatur, Insolation* und *Radiation.*

Auf den höchsten erreichbaren Bergkuppen sind während der Dauer des Winters *Maxima-* und *Minima-Thermometer* zu hinterlegen, deren Lage durch Peilungen und Marken fixiert werden muss; auch sind zum seinerzeitigen leichteren Auffinden derselben Garne speichen- und radkranzförmig um dieselben herum zu legen.

Das *Fortin'sche Barometer* im Beobachtungshause I, ferner ein *Aneroïd-Barometer* sind stündlich, das *Normal-Barometer Fuess täglich einmal* abzulesen. Alle übrigen Barometer müssen wie die Thermometer zu festgesetzten Stunden abgelesen werden.

Die Angaben des im Wohnhause installierten *Robinson'schen Anemometers* nebst der *Wild'schen Windfahne*, ferner die in nächster Nähe der Station aufzustellenden *Regen-* und *Schneemesser* sind ebenfalls stündlich, resp. zu bestimmten Stunden abzulesen.

Ein *Eiswürfel* ist zur Messung der Verdunstung aufzuhängen.

b) Magnetische Beobachtungen. Für die Ablesungen der *magnetischen Variations-Instrumente* gilt das von Weyprecht auf der Hamburger Conferenz 1879 zu Protokoll gegebene Separatvotum (sieh Seite 56 der Anlage I). Da jedoch auch den Festsetzungen der Petersburger Conferenz entsprochen werden muss, welche es im § 22 als wünschenswert hinstellen, dass stündlich zwei Ablesungen mit einem Zwischenraume von einigen Zeitminuten, z. B. vor und gleich nach der vollen Stunde, gemacht werden, so wird für die Station Jan Mayen festgesetzt, dass die Ablesungen von Stunde zu Stunde in den nachfolgend angeführten Intervallen an dem ersten Satze (Beobachtungshaus I) gemacht werden, u. zw. in der Reihenfolge:

Horizontal-Intensität: $x^h\ 58^m\ 0^s$, $x^h\ 59^m\ 0^s$, $x^h\ 60^m\ 0^s$, $x^h\ 61^m\ 0^s$, $x^h\ 62^m\ 0^s$
Declination: $x^h\ 58^m\ 20^s$, $x^h\ 59^m\ 20^s$, $x^h\ 60^m\ 20^s$, $x^h\ 61^m\ 20^s$, $x^h\ 62^m\ 20^s$
Vertical-Intensität: $x^h\ 58^m\ 40^s$, $x^h\ 59^m\ 40^s$, $x^h\ 60^m\ 40^s$, $x^h\ 61^m\ 40^s$, $x^h\ 62^m\ 40^s$

Gestatten es die Verhältnisse, so ist zur Zeit des Wachwechsels, da zwei Beobachter zur Verfügung sind, von dem die Wache übernehmenden Officier gleichzeitig der zweite Satz von Variations-Instrumenten (Reihenfolge: Bifilar, Declinatorium uud Lloyd'sche Wage) im Beobachtungshause II abzulesen.

Zeitweise, besonders zu Tagesstunden, an welchen die Nadeln grössere Ruhe zeigen, sind simultan an allen sechs Instrumenten Ablesungen vorzunehmen; gleichzeitig sind auch absolute Bestimmungen im Hause III anzustellen. Wenn erforderlich, ist bei diesen Gelegenheiten der erste Unterofficier oder der Mechaniker zum Ablesen heranzuziehen.

Damit der Ablesemoment richtig erfasst werde, wird man die Einrichtung treffen, dass die Normaluhr, welche sich im geheizten Wohnhause befindet, die nach Göttinger Zeit gestellten Zeiger der im magnetischen Hause I befindlichen elektrischen Uhr treibt; der Ablesende am ersten Satz der Variations-Instrumente theilt durch Schliessen eines Tasters den übrigen Beobachtern auf physiologischem Wege den Ablesemoment mit, falls mündliches Aviso das Anlaufen der Fernrohrlinsen zur Folge hätte.

Wenn die Insel mit Eis besetzt ist, so sind auf entsprechende Entfernung von derselben absolute magnetische Bestimmungen durchzuführen, um den Einfluss des Eisengehaltes der Steinmassen, welche die Station umgeben, zu ermitteln.

Die Beobachtungen an den magnetischen Instrumenten beginnen selbstverständlich erst nach der definitiven Installierung derselben. Es wird zu trachten sein, dass längstens am 1. August 1882 als Termintag mit den Beobachtungen begonnen werden kann.

c) Polarlicht-Beobachtungen. Die Polarlicht-Erscheinungen sind besonders aufmerksam zu verfolgen. Photographische Aufnahmen derselben müssen versucht, Spectralbeobachtungen angestellt und Anzeigen der Erdströme und der Luftelektricität zu gewinnen getrachtet werden.

Jedes Nordlicht ist in die hiezu vorbereiteten Sternkarten seiner Form und seinem Verlaufe nach einzuzeichnen, und die bezüglichen Daten sind im Nordlicht-Journal vorzumerken.

Zur Bestimmung der Lichtstärken müssen möglichst viel Leseproben mit der Jäger'schen Schriftenscala vorgenommen werden.*

---

* Auf Veranlassung des Herrn Schiffslieutenants *von Wohlgemuth* hat Herr Professor *von Jaeger* in Wien gütigst folgende kurze Anleitung für die Schätzung der Stärke der allgemeinen Erleuchtung durch das Nordlicht nach seiner Schriftscala entworfen:

«Sollte die Bestimmung der Lichtstärke des Nordlichtes mit Hilfe meiner Schriftscalen vorgenommen werden, so wären meines Erachtens insbesondere folgende Momente zu berücksichtigen:

1.) Sollten alle jene, welche die betreffenden Leseproben vornehmen, womöglich normal gebaute (emmentropische) sowie scharfsichtige Augen besitzen.

Stark kurzsichtige (myopische) Augen und stark übersichtige (hypermetropische) eignen sich nicht gut für diese Aufgabe.

Mässig Kurzsichtige oder Uebersichtige, welche an das Tragen von Brillen gewohnt sind, hätten mit dieser die Leseproben vorzunehmen.

2.) Von den Schriftscalen in den verschiedenen Sprachen wäre jene als gemeinsamer Masstab zu wählen, welche von allen, welche die Leseproben vornehmen haben, mit möglichst gleicher Sicherheit und gleichem Verständnis gelesen werden kann.

Unter übrigens gleichen Verhältnissen wäre die Schriftscala in englischer oder französischer Sprache, wegen der grösseren Gleichförmigkeit der lateinischen Lettern, der Schriftscala in deutscher Sprache vorzuziehen.

3.) Die Leseproben zur Bestimmung der Lichtstärke sollten von jedem einzelnen Beobachter stets in dem für seine Augen gegebenen *grössten*, der Schrift Nr. 1 entsprechenden *Abstande* der Schriftscala gelesen werden.

d) Astronomische Beobachtungen. Die geographische Länge der Station ist sogleich durch astronomische Beobachtungen mit Reflexions-Instrumenten zu bestimmen, sobald der Platz für die Errichtung der Stationshäuser bestimmt ist.

Nach Beendigung der nothwendigsten sonstigen Arbeiten wird die Sternwarte eingerichtet.

Das Passage-Instrument von *Pistor und Martins* mit 7 Centimeter Oeffnung und 85 Centimeter Brennweite, sowie der Theodolit von *Starke und Kammerer* (beide mit gebrochenen Fernrohren), welche im Observatorium zu installieren kommen, werden besonders zu Längenbestimmungen durch Mondes-Culminationen und zu Breitenbestimmungen durch den Polarstern und im ersten Vertical dienen. Die laufenden Zeitbestimmungen werden aus Sternpassagen gerechnet werden.

Das *Merz'*sche Fernrohr von 9·8 Centimeter Oeffnung wird für Zeitbestimmungen durch Beobachtung der Verfinsterung der Jupitertrabanten Verwendung finden.

e) Hydrographische Untersuchungen. Folgendes ist das Programm der vorzunehmenden hydrographischen Untersuchungen:

Flutbeobachtungen an der Nordseite der Insel, — wenn ausführbar, auch auf der Südseite derselben;

Ermittelung der Meeresströmungen und ihrer Temperatur;

Sammlung von Grundproben und von Wasserproben behufs chemischer Analyse;

areometrische Bestimmungen des See- und Gletscherwassers und des See-Eiswassers;

Studium der Structur und Bewegung des Eises. Da das Eis in den Buchten stellenweise auch während des Winters aufthaut, ist das Lockerungsgebiet auf einer lithographirten Karte der Insel einzuzeichnen.

Um diesen *grössten Abstand* festzustellen, muss jeder einzelne Beobachter bei *vollem* Tageslichte die möglichst grösste Entfernung der Schriftscalen von seinen Augen aufsuchen und bemessen, in welcher er noch mit vollster Sicherheit und ohne allzu rasche Ermüdung die Schrift Nr. 1 zu lesen vermag.

Ergibt sich hierbei z. B., dass dieser grösste Abstand bei A 45%, bei B 50%, bei C 55% etc. beträgt, so sind die Leseproben zur Bestimmung der Lichtstärke des Nordlichtes bei A stets 45%, bei B in 50%, bei C in 55% Abstand etc. vorzunehmen.

4.) Bei den einzelnen Leseproben wäre stets die *kleinste* Schrift zu bezeichnen, welche man noch mit Sicherheit zu lesen vermochte, wenn auch hierbei einzelne Buchstaben nicht mit voller Bestimmtheit erkannt wurden.

5.) Aus den Ergebnissen der Leseproben sämmtlicher Beobachter wäre sodann mit Hilfe des Normallichtes (Normalkerze) die absolute Lichtstärke des Nordlichtes sowie eine beliebige graduelle Unterscheidung hierbei festzustellen.

f) Geodätische Arbeiten. Die Aufnahme der Insel Jan Mayen ist ebenfalls eine der Aufgaben der Expedition. In das Triangulierungsnetz sind die in der Nähe der Insel liegenden Klippen und Untiefen einzubeziehen.

Die Vorarbeiten für die Aufnahme sollen wo möglich noch im Jahre 1882 gemacht werden. Zur Basismessung wird vielleicht eine der Lagunen des Winters benützt werden können.

In die grossen, lithographisch vervielfältigten Skizzen der Insel sind die gelegentlich von Excursionen vorgenommenen Höhenmessungen einzuzeichnen.

g) Naturwissenschaftliche Beobachtungen und Untersuchungen. Dieselben umfassen das Gebiet der *Zoologie, Botanik* und *Mineralogie*. Der Umfang der Untersuchungen wird sich nach der verfügbaren Zeit und den vorhandenen Mitteln richten, kann daher hier nur mit einigen Schlagworten angedeutet werden.

Sammlungen und Präparate aus der *Thierwelt* werden durch Jagd, durch Fischerei mit Netz, Angel und Austernzange gewonnen werden. Die Beobachtungen werden sich auf die Zugvögel, die Brutzeit der Vögel, das Erscheinen wirbelloser Thiere zu bestimmten Tagesstunden, das Laichen der Fische, die Entwickelung, das Leben, die Gewohnheiten etc. der Thiere erstrecken.

Auf dem Gebiete der *Botanik* werden Beobachtungen über die Verbreitung der einzelnen Arten mit Angabe der Seehöhe, über Rasenbildungen, Wachsthum der Pflanzen mit Rücksicht auf die Dauer des Tages und im Vergleiche zur Entwickelung und Grösse derselben in anderen Klimaten etc. anzustellen sein; ein Herbarium wird angelegt werden.

Geologische Untersuchungen und Sammlungen der Gesteine werden die Aufgabe der Expedition in *mineralogischer* Beziehung sein.

Reiseprogramm, Ausschiffung auf Jan Mayen, Rückkehr der Expedition.

S. M. Transportschiff «Pola». Die Expedition wird mit S. M. Transportdampfer «Pola» vom österreichischen Centralhafen aus nach Jan Mayen überführt werden.

Der «Pola» ist ein Dampfer von 51 Meter Länge, 9 Meter Breite, einem mittleren Tiefgang von 4·3 Meter und einem Deplacement von 930 Tonnen. Die Schraubenmaschine desselben indicirt 780 Pferdekraft. Das Schiff ist als Barkschiff mit doppelten Marssegeln getakelt und kann

400 Gewichtstonnen (à 1000 Kilogramm) Ladung aufnehmen, in welche jedoch der Kohlenvorrath von 100 Tonnen, die in den Magazinen gestaut sind, nicht eingerechnet ist. Da das Gewicht des Expeditionsmateriales im ganzen 100 Tonnen beträgt, vermag «Pola» somit noch weitere 300 Tonnen Kohlen einzuschiffen, welcher Vorrath von 400 Tonnen hinreicht, um mit halber Kraft — entsprechende Geschwindigkeit sechs Knoten per Stunde — 4000 Seemeilen zurückzulegen. Das Titelbild dieses Heftes gibt ein getreues Bild des Transportdampfers «Pola» unter Dampf und Segel.

Von den 100 Tonnen Gewicht des Expeditionsmateriales wurden 73 Tonnen in Pola, 2 Tonnen in Gravesend, 25 Tonnen in Bergen aufgestapelt. Das in Pola concentrierte Materiale wurde im Monate März auf den Transportdampfer eingeschifft.

Reise nach Jan Mayen. S. M. Transportdampfer «Pola» wird vollständig ausgerüstet und mit completer Bemannung in den ersten Tagen des April, und zwar mit dem schon erwähnten Materiale, dem Linienschiffslieutenant *Basso*, Corvettenarzt *Dr. Fischer* und den 8 Personen des Mannschaftsstandes an Bord, den Centralhafen verlassen. Linienschiffslieutenant *von Wohlgemuth* erreicht den «Pola» in Gravesend, Graf *Wilczek* und die übrigen Officiere reisen zu Lande nach Hamburg und dann nach Bergen, woselbst sie sich auf «Pola» einschiffen. — Die Reiseroute für den «Pola» ist folgendermassen festgesetzt: Pola-Gibraltar 1620 Seemeilen, Gibraltar-Gravesend 1640, Gravesend-Bergen 560, Bergen-Jan Mayen 750, zusammen 4570 Seemeilen. In Gravesend und Bergen wird «Pola» den Kohlenvorrath in Briquets (Kuchen) ergänzen.

Das Materiale, welches in Jan Mayen zuerst ausgeschifft werden muss, ist besonders bezeichnet und separat gestaut.

Ankunft auf Jan Mayen. Dampfer «Pola» wird auf Jan Mayen in der «Nordbucht», auch «Englische Bucht» genannt, ankern. Mit Rücksicht auf die ungünstigen hydrographischen und meteorologischen Verhältnisse der Insel muss sogleich nach der Ankunft ohne Zögern an das Aufsuchen des Stations- und eines Landungsplatzes geschritten werden, damit rasch mit dem Ausschiffen des Materiales begonnen werden könne.

Die Lage des *Stationsplatzes* soll, soweit dies überhaupt möglich ist, den nachfolgenden mannigfaltigen Bedingungen entsprechen.

Vor allem wäre ein Platz in der Mitte des schmalen Theiles der Insel vortheilhaft, von welchem aus beide Ufer übersehen werden können. Es wäre dies für die Beobachtung der Eisbewegungen an beiden Küsten günstig und würde die Vermessungsarbeiten erleichtern. Auch könnte in diesem Falle je nach den Witterungsverhältnissen die Ausschiffung (und seinerzeit die Wiedereinschiffung) entweder an der Nord- oder der Südseite stattfinden. — Selbstverständlich soll der Platz möglichst eben, keine Mulde des Schmelzwassers und vor Lawinen, Schneeverwehungen und dem Anpralle der Stürme geschützt sein. Jedenfalls muss er ausser dem Bereiche des Pack- und Strandeises, das sich an Land schiebt, liegen, und die Bodenbeschaffenheit muss die Möglichkeit zur sicheren Aufstellung der Pfeiler für die Instrumente bieten. Der Eisengehalt des Bodens endlich darf der magnetischen Instrumente wegen nicht gross und der Ort wegen der Kabel, die zum Messen der Erdströme zu legen sind, nicht zu weit von der See entfernt sein.

Der *Landungsplatz* soll den Booten Schutz vor der Ocean-See gewähren oder wenigstens die Möglichkeit bieten, die Boote rasch an Land zu holen. Auch wäre bei der Wahl desselben darauf Rücksicht zu nehmen, dass die Aufstellung eines Bockes zur Installierung eines Landungssteges eine Nothwendigkeit ist.

Ausschiffung des Materials. Vor allem werden das Zelt, die Schlafsäcke, der Campierungsproviant (560 Rationen), Zwieback und Wein in erforderlicher Quantität, Petroleum und Petroleumofen zu landen sein. Hierauf sind das Beobachtungshaus Nr. III, die Hütte für die Sternwarte und das Dach für das Lebensmittelmagazin auszuschiffen und provisorisch als Unterkunft für die an Land campierenden Leute, beziehungsweise zur Unterbringung der Lebensmittel, aufzustellen. Damit für den Fall vorgesehen sei, dass das Schiff schlechten Wetters wegen seinen Ankerplatz verlassen müsste, ist weiters noch so viel Proviant auszuschiffen, als die an Land Befindlichen für 14 Tage nöthig haben. Sodann ist das Wohnhaus zu fundieren und aufzurichten. Sobald das Wohnhaus unter Dach ist, wird der Rest der Lebensmittelvorräthe gelandet, und erst dann kann zur Aufstellung der magnetischen Häuser I und II und der definitiven Aufstellung der Sternwarte geschritten werden.

Dampfer «Pola» wird die Insel erst verlassen und mit dem Grafen *Wilczek* nach der Heimat zurückkehren, sobald die Stationshäuser complet installiert sein werden.

Bestimmungen über Nachrichten und zu errichtende Cairns. Noch während der Anwesenheit des Dampfers «Pola» wird, falls die Gebäude der Station nicht von See aus sichtbar sein sollten, ein Cairn (Steinpyramide als Marke) in der «Englischen Bucht» und ein zweiter Cairn auf der Südseite der Insel in der «Treibholzbucht» errichtet werden, u. zw. der letztere derart, dass er von der Stelle des nördlichen Theils der östlichen Lagune, welche in der englischen Admiralitätskarte mit einem Anker bezeichnet ist, gesehen werden kann. Dieser Cairn wird somit am Lande auf der Strecke zwischen «Säule» und «Eierinsel» zu suchen sein. Auf der Aussenseite dieser Cairns wird die Oertlichkeit angegeben sein, an welcher sich die Niederlassung befindet; ebenso werden Nachrichten über eventuelle Ortsveränderungen oder über die Abreise der Expedition mit Booten für den extremen Fall, dass das zur Abholung derselben in Aussicht gestellte Schiff nicht eingetroffen wäre, auf den Cairns von aussen zu lesen sein. — Photographische Abbildungen der beiden Cairns oder mindestens eine Zeichnung derselben werden S. M. Dampfer «Pola» vor dessen Rückkehr mitgegeben werden.

Da es immerhin möglich ist, dass die Cairns durch Elementarereignisse zerstört werden, so wird die Notiz, welche sich auf der Nachrichtentafel derselben befindet, auch geschrieben in einer Blechbüchse verwahrt und diese Büchse in der Entfernung von 20 Fuss englisch, Richtung rechtweisend Nord von den Cairns, u. zw. zwei Fuss tief eingegraben werden. Sollte das Eingraben nicht möglich sein, so wird die Blechbüchse mit Steinen bedeckt und der Platz durch im Kreis gelegte Steine gekennzeichnet werden. Während der Zeit, als das Meer eisfrei und das Vorübersegeln von Schiffen zu erwarten ist, wird eines der Expeditionsmitglieder die Stellen, an welchen sich die Cairns befinden, wöchentlich einmal untersuchen, um etwa dort von Schiffen hinterlegte Nachrichten aufzunehmen.

Abbrechen der Station. Rückkehr. Mit 1. August 1883, oder wenn die Erfahrungen des Vorjahres es rathsam erscheinen lassen, entsprechend früher, sind jene Materialien, Sammlungen und Ausrüstungsgegenstände, welche für die Rückfahrt bestimmt sind, zur Einschiffung zu bereiten, dergestalt, dass unter allen Umständen mit 15. August das sämmtliche Materiale, mit Ausnahme der zur Ermittlung der Beobachtungsdaten erforderlichen Instrumente und der allernothwendigsten, für den täglichen Gebrauch erforderlichen Gegenstände, an Bord des zur Rückkehr bereiten Schiffes, welches Anfangs August ankommen wird, eingeschifft ist. — Die Erfahrungen betreffs der Witterungsverhältnisse, welche im Jahre 1882 gesammelt worden sind, werden bestimmend sein, ob das Schiff erst am 1. September oder schon früher im Laufe des August die Rückreise nach der Heimat antreten wird.

Anlage I.

Verhandlungen und Ergebnisse

der

dritten internationalen Polarconferenz

abgehalten

zu St. Petersburg

in den Tagen

vom 1. bis 6. August 1881.

Zufolge der auf der zweiten Conferenz in Bern getroffenen Vereinbarungen und der mittlerweile erfolgten Erklärungen betreffs Betheiligung an dem internationalen Unternehmen zur Erforschung der Polarregionen lud der Präsident der internationalen Polarcommission, Herr *Dr. Wild*, die Mitglieder zur dritten Conferenz nach St. Petersburg ein. Die Sitzungen nahmen mit 1. August 1881 ihren Anfang.

Als Theilnehmer waren erschienen:

1.) Capitän *N. Hoffmayer*, Director des dänisch-meteorologischen Institutes zu Kopenhagen, als Delegierter des dänischen Marine-Ministeriums;
2.) Professor *R. Lenz*, Präsident der russischen Polarcommission, und
3.) Navigationslieutenant *Jürgens*, Chef der Expedition an der Lenamündung, beide delegiert von der russischen geographischen Gesellschaft in St. Petersburg;
4.) Professor *E. Mascart*, Director des französisch-meteorologischen Centralbureaus in Paris, als Delegierter des französischen Unterrichts-Ministeriums;
5.) Professor *H. Mohn*, Director des norwegisch-meteorologischen Institutes in Christiania, delegiert vom norwegischen Unterrichts-Ministerium;
6.) *Dr. M. Snellen*, Director des meteorologischen Observatoriums und designierter Chef der eventuellen holländischen Expedition, als Delegierter des holländischen Ministeriums der öffentlichen Arbeiten, des Handels und der Industrie;
7.) *Dr. A. Wijkander*, Docent der Universität Lund, als Delegierter der schwedischen Akademie der Wissenschaften;
8.) Graf *Hans Wilczek* aus Wien für die von ihm organisierte und bestrittene österreichische Expedition nach Jan Mayen und
9.) Linienschiffslieutenant *E. v. Wohlgemuth* aus Pola, als vom Grafen *Wilczek* designierter Chef dieser Expedition.

Als Gäste waren erschienen: Professor *N. K. Nordenskjöld* und Professor *Lemström* aus Helsingfors.

Die Mitglieder: Brigadegeneral *Hazen*, Chief Signal Officer in Washington; Mr. *Robert H. Scott*, Chef des meteorologischen Wesens in England; Professor *Buys-Ballot* in Holland; *Dr. Neumayer*, Director der deutschen Seewarte, und Baron *Schleinitz*, Capitän zur See der deutschen Marine, sowie Herr *Guido Cora*, der Vertreter Italiens, entschuldigten ihr Nichterscheinen theils wegen persönlicher Verhinderung, theils wegen der noch ausstehenden Entscheidung ihrer Regierungen.

Nach Eröffnung der ersten Sitzung widmete der Präsident dem am 29. März 1881 verstorbenen Mitgliede der Commission, Schiffslieutenant *Carl Weyprecht*, folgenden Nachruf:

«Als *Weyprecht* vor sechs Jahren auf der Naturforscher-Versammlung in Graz zuerst das Project des internationalen Unternehmens bestimmt formulirte, mit dessen Organisation wir uns gegenwärtig beschäftigen, da war seine Hoffnung, dasselbe realisirt zu sehen, gewiss nur gering. Allein als Mann der That, der er war, und als solcher dessen sich bewusst, wie viel ein Mensch mit festem Willen vermag, gieng er doch unverzüglich daran, für die Entwicklung und Ausführung seiner Idee mit allen Kräften zu arbeiten. Und schon schien infolge davon und des lebhaften Anklanges, den das Project bei allen für die Physik der Erde sich Interessirenden fand und finden musste, dasselbe der Realisirung nahe gebracht, als der Krieg ausbrach und mit seinen Consequenzen für lange Zeit die Chancen für die Ausführung dieses Werkes des Friedens zu vernichten schien. Lassen Sie mich es offen hier gestehen, dass ich trotz des grossen Interesses, welches ich von Anfang an dem Unternehmen genommen und in einer regen Correspondenz mit *Weyprecht* bethätigt hatte, damals für ein Jahrzehnt die Hoffnung auf seine Realisirung aufgab. Nicht so *Weyprecht*. Nach dem Friedensschlusse begann er sofort wieder für dasselbe zu wirken, und in allen Ländern zu dem Ende Verbindungen anzuknüpfen oder bereits früher eingeleitete neu zu beleben, und so erzielte er auch die Aufnahme seines Vorschlags in das Programm der internationalen Meteorologen-Versammlung in Rom, was dann im Oktober 1879 zu der besonderen internationalen Polarconferenz in Hamburg führte. Damit war aber das grossartige Unternehmen aus dem Stadium des Projects in das der Execution, aus dem der persönlichen Betreibung in dasjenige internationaler Berathung und Vereinbarung getreten, und damit war auch seine frühere oder spätere Durchführung wohl als gesichert zu betrachten. Aber auch jetzt noch legte *Weyprecht* die Hände nicht in den Schoss. Hatte er bis dahin mehr für die Betheiligung an dem Unternehmen und für das Zustandekommen desselben überhaupt gearbeitet, so wandte er sich jetzt, wo andere ihn dieser Sorge überhoben, der inneren Entwicklung und Organisation desselben, insbesondere der Festsetzung und Klarlegung der Details der Beobachtungen zu, welche ihm zur Sicherung des wahren wissenschaftlichen Erfolges aller dieser Anstrengungen nothwendig erschienen. Und dieser seiner Thätigkeit verdanken wir eine Schrift, in welcher er in Form einer Anleitung zu magnetischen und Polarlicht-Beobachtungen die Resultate seiner reichen eigenen Erfahrungen im hohen Norden niederlegte und damit die wertvollste Basis für die gemeinsam festzusetzenden Regeln schuf. Leider sollte diese Schrift zugleich sein Schwanengesang sein, und er sollte nicht einmal die volle Sicherheit der Ausführung seines Projects zu dem in Aussicht genommenen Termin, geschweige denn diese Ausführung selbst erleben.

«Doch lassen Sie uns hier nicht des tiefen Schmerzes gedenken, der uns alle bei der unerwarteten Kunde des plötzlichen Hinscheidens dieses ausgezeichneten Mannes ergriff, lassen Sie uns hier vielmehr nur der Freude über das endliche *Zustandekommen seines Unternehmens*

Ausdruck geben, wodurch wir zugleich am besten im Sinne des Verstorbenen handeln, der die Interessen seiner eigenen Person ja stets der Sache, für die er wirkte, in so nachahmungswerter Weise unterordnete. Ja, meine Herren, *Weyprecht's* Idee muss eine gute und glückliche sein, denn sie hat die Calamitäten des Krieges, den Zwiespalt der Nationalitäten, das Hemmnis menschlicher Eifersüchteleien, ja den Tod ihres Urhebers überdauert. Und in der That, wer, der auch nur etwas die besonderen Verhältnisse der Polarwelt kennen gelernt hat, müsste nicht *Weyprecht's* Vorschlag voll zustimmen, der Polarforschung dadurch in Zukunft höhere Ziele zu stecken und allgemein nützlichere Ergebnisse zu sichern, dass an Stelle vereinzelter Fahrten ins Polargebiet zu vorherrschend geographischen Entdeckungen nach gemeinsamem Plane organisierte Expeditionen zu gleichzeitigen und länger andauernden wissenschaftlichen, insbesondere physikalischen Beobachtungen an möglichst vielen Punkten desselben treten sollten. Angesichts der ausserordentlichen Beschränktheit und Lückenhaftigkeit der vorhandenen physikalischen Beobachtungen innerhalb der Polarkreise, während doch der Schlüssel zum Räthsel des Erdmagnetismus und zum Theil auch der Witterungsvorgänge in der gemässigten Zone dort zu suchen ist, haben wir alle jeden noch so kleinen Beitrag zur Erweiterung jener Beobachtungsdaten lebhaft begrüsst. Wir mussten aber auch aus dem bereits Vorliegenden ersehen haben, dass, wie in vielem anderen, so auch bei den meteorologischen und erdmagnetischen Erscheinungen die Polarzone von den betreffenden Phänomenen in der gemässigten Zone das eine Extrem bildet, wovon wir das andere in der Tropenzone zu suchen haben. Während hier das Regelmässige und Periodische zum vollen Ausdruck gelangt, sehen wir dort das Anormale, die Störungen vorherrschen. In der heissen Zone können daher auch vereinzelte Beobachtungen zu wichtigen und generellen Aufschlüssen über diese Disciplinen der Physik der Erde führen, in den kalten Zonen dagegen wird man, dem Charakter der Störungen gemäss, nur durch andauernde und grössere Gebiete umfassende simultane Beobachtungen dazu gelangen können, bei dem steten Wechsel der Erscheinungen die so wichtigen mittleren Zustände und zugleich das Gesetzmässige im Verlauf der Störungen selbst zu erkennen. Was so viele mehr oder minder deutlich gefühlt, auch wohl ausgesprochen haben mochten, — zuerst klar formuliert und zugleich auch bestimmte Vorschläge zur Erzielung dieser nothwendigen Verbesserung arktischer Forschungen gemacht zu haben, ist und bleibt das grosse Verdienst *Weyprecht's*. Dass er zugleich das volle Gewicht seiner als erprobter Polarreisender und als ernster wissenschaftlicher Forscher bekannten Persönlichkeit mit in die Wagschale werfen konnte, hat, wer wollte es leugnen, nicht wenig zu der günstigen Aufnahme seiner Vorschläge, der wir uns jetzt erfreuen, beigetragen.

«Als Zeichen unserer Verehrung und unseres dankbaren Andenkens an den früh dahingeschiedenen Collegen und Freund lade ich Sie ein, sich von Ihren Sitzen zu erheben.»

Nachdem die Versammlung sich von ihren Sitzen erhoben hatte, erstattete der Präsident folgenden Bericht über die Thätigkeit der internationalen Polarcommission seit der zweiten Conferenz in Bern:

«Das Bureau der zweiten Polarconferenz in Bern, Herr Director *Neumayer* als Präsident und Herr Capitän *Hoffmayer* als Secretär, hat in dankenswerter Weise die Herausgabe sowohl der *autographierten Sitzungsprotokolle* wie des gedruckten *Berichtes über die Conferenz* in deutscher und französischer Sprache so sehr gefördert, dass erstere schon Anfang Dezember und letzterer Ende Januar versandt werden konnten.

«Ueber alle wichtigeren Ereignisse seit der Conferenz in Bern, insbesondere die Erklärungen betreffs weiterer Betheiligung an unserem Unternehmen, sowie Vorschläge behufs Sicherung seiner Ausführung zum festgesetzten Termine, habe ich die Commission bereits durch Circular au courant gehalten. Ich werde daher hier nur ein kurzes Resumé unserer Thätigkeit geben und sodann noch einige, seit dem letzten Circular eingegangene Mittheilungen erwähnen.

«Nach dem Beschlusse in Bern, den Beginn der Beobachtungen vom Herbste 1881 auf den Herbst 1882 zu verschieben, musste es nun vor allem unsere Aufgabe sein, die Ausführung des Unternehmens wenigstens auf diesen Termin zu sichern durch rechtzeitige Erfüllung der in Hamburg aufgestellten und in Bern sanctionierten Bedingung der Begründung von mindestens acht Stationen im arktischen Gebiete. Nur für vier Punkte des letzteren war nach den Erklärungen der Delegierten auf der Conferenz in Bern die Besetzung als ganz gesichert zu betrachten, nämlich für Upernivik durch Dänemark, für das nördliche Finnmarken durch Norwegen, für Nowaja Semlja durch Graf *Wilczek* und für die Lenamündung durch Russland. Mit demselben Circular vom 30. November, mit welchem ich Ihnen die definitive Betheiligung Schwedens durch Besetzung von Spitzbergen meldete, musste ich Ihnen leider auch die Ablehnung des deutschen Reichskanzlers, von Seite Deutschlands dem Unternehmen beizutreten, notificieren. Da nun überdies trotz aller weiteren Bemühungen der Commission und trotz eines durch die kaiserlich russische Gesellschaft an viele Institute gerichteten Memorandums über das ganze Unternehmen und die wünschenswerte grössere Betheiligung bis Ende Januar von keiner Seite eine fernere bestimmte Zusage erfolgte, anderseits aber von Professor *Buys-Ballot,* und noch bestimmter und nachdrücklicher seitens der schwedischen Akademie der Wissenschaften, auf die Gefahr einer längeren Unsicherheit über das eventuelle Zustandekommen des Unternehmens hingewiesen wurde, so machte ich in meinem Circulare vom 2. Februar der Commission den Vorschlag, zur Beseitigung dieser Gefahr die definitive Ausführung der Beobachtungen mit Beginn des Herbstes 1882 zu beantragen, selbst wenn nur die bereits gesicherten fünf Punkte im arktischen Gebiet besetzt werden sollten. Diesem Vorschlage stimmten von den fünf betheiligten Staaten Oesterreich-Ungarn, Dänemark und Russland ohne weiters und Schweden etwas zögernd bei, dagegen wurde derselbe von Norwegen bestimmt abgelehnt, das an der Bedingung von mindestens acht Stationen im arktischen Gebiete festhielt. Er musste daher, obschon auch noch Herr Professor *Buys-Ballot* sich dafür ausgesprochen hatte, als hinfällig betrachtet werden, und zwar umsomehr, als die vier übrigen Mitglieder der Commission keine Meinung darüber abgaben. Und so waren wieder nahe zwei Monate hingegangen, ohne dass auch durch den Beitritt irgend eines anderen Staates der beängstigende Zustand der Unsicherheit vermindert worden wäre, als uns wie ein Blitz aus heiterm Himmel die Kunde von dem am 29. März erfolgten plötzlichen Hinscheiden unseres theuren Collegen *Weyprecht* traf. Damit wurde für uns zugleich die Theilnahme Oesterreich-Ungarns oder mit anderen Worten die fernere Bereitwilligkeit des Grafen *Wilczek*, dieser Sache sein zugesagtes grosses Opfer zu bringen, zunächst in Frage gestellt, und so war die Lage für einen Moment wirklich eine recht verzweifelte. Wie eine wahre Erlösung kam uns daher endlich am 4. April die längst erhoffte Nachricht vom Chef des Signal Office in Washington, General *Hazen*, zu, dass die Vereinigten Staaten *zwei* Stationen an der Nordküste ihres Continents, nämlich Point Barrow und die Lady Franklin Bay, besetzen werden. *Und als nun Graf Wilczek,* den ich Namens der Commission eingeladen hatte, fortan an Stelle von *Weyprecht* als Mitglied der Commission zu fungieren, *uns durch eine Depesche vom 22. April seine Bereitwilligkeit zur Fortsetzung der Betheiligung Oesterreich-Ungarns gütigst zusicherte,* und vollends am 27. April ein Telegramm von Herrn Director *Neumayer* einlief, das die Entscheidung des deutschen Reichstages für die Betheiligung Deutschlands zu enthalten schien, *konnte man die Ausführung des Unternehmens mit Beginn des Herbstes 1882 für gesichert erachten*. Leider stellte sich bald heraus, dass jener Beschluss des deutschen Reichstages nur eine Empfehlung zur Betheiligung Deutschlands an die Bundesregierung enthalte und der Entscheid von dieser abhänge, der, wie Sie wissen, bis zur Stunde noch nicht erfolgt ist.*

---

* Seitdem ist auch die Betheiligung Deutschlands an dem *Weyprecht*'schen Unternehmen ganz sicher gestellt, wie dies aus einem Schreiben des Directors der deutschen Seewarte, *G. Neumayer*, an den Präsidenten der internationalen Polar-Commission *H. Wild* zu entnehmen ist. Das Schreiben lautet:

Berlin am 13. Dezember 1881.

Hochgeehrter Herr!

In Gemässheit mit der jüngst erfolgten Entschliessung der deutschen Reichsregierung finde ich mich in der angenehmen Lage, Ihnen mitzutheilen, dass die Theilnahme Deutschlands an der systematischen Polarforschung nunmehr als gesichert anzusehen ist. Von dem Reichsamte des Innern wurde daher eine Commission ernannt, welche sich mit der Organisation der Arbeiten und Expeditionen zu befassen hat. Im Nachfolgenden beehre ich mich, die Namen der deutschen Polar-Commission zu Ihrer geneigten Kenntnis zu bringen:

Professor *von Bezold* (München), *Dr. Bergen* (Wilhelmshaven), Professor *Förster* (Berlin), Professor *Helmholtz* (Berlin), *Dr. Nachtigal* (Berlin), Professor *Neumayer* (Hamburg), Capitän zur See *von Schleinitz* (Berlin), *Dr. Schreiber* (Chemnitz) und Geheimrath *Dr. Siemens* (Berlin).

Die Commission fasste in ihrer ersten Sitzung am 12. Dezember die nachfolgenden, die internationale Polarcommission berührenden Beschlüsse:

1.) Die Commission beschliesst, dass von Deutschland eine arktische Station, womöglich im Gebiete des Atlantischen Oceans, und mindestens eine antarktische Station zu besetzen sei.

2.) Die Commission beschliesst, dass der Plan für die obligatorischen Beobachtungen, wie er auf den Polarconferenzen zu Hamburg und Bern aufgestellt und in St. Petersburg definitiv angenommen worden ist, zu acceptieren sei, mit dem Vorbehalte von etwa wünschenswert erscheinenden Abänderungen, wenn dafür eine Uebereinstimmung mit den anderen Staaten erreicht werden kann.

Glücklicherweise hatte ich in Voraussicht einer solchen Eventualität einige vermittelnde Schritte gethan, um die Erfüllung der erwähnten Bedingung des Minimums von acht Stationen im arktischen Gebiete auf jeden Fall auch ohne allfällige Betheiligung Deutschlands zu sichern. Und so konnte ich Ihnen denn durch Circular vom 1. Mai doch die erfolgte Sicherstellung der Ausführung des Unternehmens melden, da inzwischen Graf *Wilczek* in zuvorkommendster Weise die Besetzung von Jan Mayen statt von Nowaja Semlja und die kaiserlich russische geographische Gesellschaft ohne Zögern die Begründung einer zweiten vollständigen Station auf der letztern Insel zugesagt hatten. Infolge davon konnte ich Sie zugleich zur dritten Polarconferenz nach St. Petersburg einladen.«

Im Anschlusse an den Bericht lud der Präsident die Herren Delegierten ein, ihre Erklärungen, betreffend die Betheiligung an dem Unternehmen, abzugeben. Dieselben lauteten wie folgt:

Die dänische Regierung ist mit den Vorbereitungen zur Etablierung im Jahre 1882—83 einer Polarstation an der Westküste von Grönland weiter vorwärts geschritten. Der Chef sowie der Astronom und zwei Beobachter sind schon ernannt worden, die magnetischen Instrumente sind theilweise in München, theilweise in Kew bestellt worden. Die meteorologischen Normalinstrumente sind vorhanden, und die dänische Expedition wird im ganzen vollständig bereit sein, im Frühjahr 1882 nach dem Bestimmungsort abzugehen.

N. Hoffmeyer.

J'ai reçu de Mr. le Ministre de la Marine Française l'assurance qu'un projet de loi sera présenté aux Chambres portant ouverture d'un credit supplementaire destiné à couvrir les dépenses d'une mission scientifique dans une des Iles du cap Horn. *Mascart.*

Le Ministre des Travaux Publics, du Commerce et de l'Industrie a promis de présenter aux Chambres une demande de credit de fl. 30,000 pour une expédition à Dicksonshaven à condition que la même somme soit fournie par des souscriptions particulières. On a déjà réuni une somme importante dont une grande partie a été souscrite par divers membres de la maison royale et par des sociétés savantes. Quelques

---

3.) Die Commission ermächtigt die beiden, bisher der internationalen Polarcommission angehörigen Mitglieder, Professor *Neumayer* (Hamburg) und Capitän zur See *von Schleinitz* (Berlin), auch fernerhin in ihrem Namen als solche zu functionieren.

Ueber die Wahl der von Deutschland zu besetzenden Stationen steht so viel fest, dass Südgeorgien auf der Süd-Hemisphäre und die Ostküste von Grönland (Pendulum Island) dafür ins Auge gefasst sind. Während die Station im Süden als bestimmt gewährt anzusehen ist, wird sich erst in nächster Zeit entscheiden lassen, ob die Erreichung von Ostgrönland sich auf alle Fälle mittelst der der Commission zur Verfügung stehenden Mittel wird ermöglichen lassen.

Indem ich mir weitere Mittheilungen bezüglich der von der deutschen Commission ergriffenen Massregeln zur Durchführung des Unternehmens, sofern dies von Deutschland abhängt, vorbehalte, benutze ich die Gelegenheit etc.

(sign.) *G. Neumayer,*
Präsident der deutschen Polarcommission.

instruments sont prêts, de sorte qu'il n'y a aucun doute sur la réalisation de l'entreprise. *Mauritt Snellen.*

Die Bewilligung des norwegischen Storthings für die Errichtung einer Polarstation in Finnmarken, welche ursprünglich für die Budgetepoche 1880—81 gegeben war, ist von der Regierung auf 1881—82 übergeführt worden. Herr *A. Steen*, erster Assistent am meteorologischen Institut in Christiania, welcher die Leitung der Polarstation übernehmen will, hat im Monat Juli auf einer Inspectionsreise der meteorologischen Stationen die Gegend bei Bossekop in Alten besucht und die Lage für die Errichtung der Polarstation günstig gefunden. Die Positionen der Beobachtungen der «Commission Scientifique du Nord» lassen sich mit Sicherheit wiederfinden. Instrumente für absolute magnetische Beobachtungen sind vorhanden. *H. Mohn.*

Ich erkläre, dass ich auf Jan Mayen eine österreichische Station für den Beobachtungstermin vom 1. August 1882 bis zum 1. September 1883 errichten werde, deren Leitung der Linienschiffslieutenant *v. Wohlgemuth* übernehmen wird.

Im Falle, dass Jan Mayen nicht erreicht werden könnte, oder die Voruntersuchung ergeben würde, dass die Vornahme magnetischer Beobachtungen daselbst nicht rathsam erscheint, so würde die Insel Gremsey bei Island als Stationsort gewählt werden. *Hans Graf Wilczek.*

Die Station der kaiserlich russischen geographischen Gesellschaft an der Lena-Mündung ist gegenwärtig beinahe vollständig ausgerüstet, und es fehlen nur noch wenige meteorologische Instrumente, die ohne Zeitverlust beschafft werden können. Zum Leiter der Station ist Herr Capitän *Jürgens* ernannt, und seine Gehilfen sind auch bereits gewählt. Somit ist die kaiserlich russische geographische Gesellschaft bereit, im Herbste 1882 die Beobachtungen auf der Lena-Station zu beginnen.

Als durch den Ausfall verschiedener Länder, auf deren sichere Mitwirkung zur Zeit der Hamburger Conferenz gerechnet war, die daselbst in Aussicht genommenen acht Punkte nicht in voller Zahl schienen besetzt werden zu sollen, und als dadurch die Ausführung des ganzen Unternehmens gefährdet erschien, entschloss sich die geographische Gesellschaft, die Mittel zu erstreben, um die von ihr schon früher in Aussicht genommene Filialstation zu einer vollständigen auszurüsten, die in Nowaja Semlja anzulegen gewesen wäre, mit Benutzung der daselbst schon vorhandenen Baulichkeiten. Gegenwärtig, da der Beitritt Hollands gesichert erscheint und somit die Zahl der in Hamburg in Aussicht genommenen acht Stationen erreicht ist, fällt das Motiv, welches die geographische Gesellschaft zu dem grossen Opfer veranlasste, fort, und sie wird sich mit der einen vollen Station an der Lena-Mündung begnügen und mit einer Filialstation mit nur meteorologischen Beobachtungen.

Was den Ort für letztere anbetrifft, so bieten die Inseln von Sibirien sowohl als auch die Mündung der Kolyma so grosse, für die geographische Gesellschaft kaum zu überwindende Schwierigkeiten dar, dass sie von diesen zwei früher in Aussicht genommenen Punkten abstehen muss und einen andern zu wählen sich veranlasst sieht. Voraussichtlich würden sich keine Schwierigkeiten bieten, die Filialstation auf Nowaja Semlja an der Möllerbucht zu gründen. *R. Lenz.*

Pour ce qui concerne la Suède, il reste peu de chose à ajouter aux renseignements, contenus déjà dans les circulaires de M. le président. Après que *M. L. O. Smith* eut mis à la disposition de l'Academie des sciences la somme nécessaire pour équiper et entretenir une station au Spitzberg, le gouvernement a fait espérer les moyens de transport pour l'aller et le retour. S'il n'arrive rien d'innatendu, la Suède prendra donc part aux expéditions polaires, en établissant pendant l'été de 1882 une station qui séjournera au Spitzberg jusqu'au mois d'août 1883. Le point choisi sera probablement Polhen dans la Mosselbaie. Le capitain *Malmberg*, directeur du bureau nautique-météorologique, est designé comme chef de l'expedition. Le staff scientifique est aussi choisi; les instruments magnétiques sont commandés en partie chez *M. Edelmann à Munich*, en partie à Kew. Quant aux autres iustruments et aux autres préparations, on a voulu attendre les résolutions de la conférence avant de rien faire de définitif. *Wijkander.*

Die Professoren *Nordenskjöld* und *Lemström* endlich erklärten, dass sie in Anbetracht der umfassenden Reorganisation, der sowohl die meteorologische Centralanstalt wie auch die übrigen meteorologischen Stationen in Finnland gegenwärtig unterworfen sind, es sehr wünschenswert gefunden hätten, genauere Bekanntschaft mit der Organisation der eventuellen polaren Stationen zu machen, und dass sie die Hoffnung hegten, dass Finnland auch an diesen Forschungen einen wirksamen Theil nehmen würde.

In gleicher Weise hatte Herr *Carpmael* schon früher brieflich wenigstens die Mitwirkung der bestehenden Stationen in Canada durch simultane Beobachtungen zugesichert, und ebenso hat Herr *D. K. Schering* in Göttingen durch ein Schreiben vom 30. Juli 1881 die Betheiligung des magnetischen Observatoriums in Göttingen an den magnetischen Terminsbeobachtungen der Polarstationen in Aussicht gestellt.

Endlich konnte der Präsident in der dritten Sitzung der Conferenz noch ein Telegramm des Herrn Robert *H. Scott* in London vorlegen, in welchem dieser die begründete Hoffnung ausspricht, dass Canada Fort Simpson als internationale polare Station besetzen werde.

Demzufolge und gemäss den erwähnten Erklärungen des Herrn General *Hazen* über die Betheiligung der Vereinigten Staaten Nordamerikas, sowie der früheren wiederholten Mittheilungen des Herrn Directors der deutschen Seewarte *Dr. Neumayer,* betreffend die Theilnahme Deutschlands an dem Unternehmen, ergibt sich als *ganz gesichert* die Besetzung folgender Punkte:

Oesterreich... 1.) Jan Mayen oder Insel Gremsey bei Island;
Schweden .... 2.) Mossel-Bay auf Spitzbergen;
Norwegen .... 3.) Bossekop bei Alten;
Holland .... 4.) Nowaja Semlja (Möller-Bay und Dicksonhafen in Westsibirien);
Russland ...... 5.) Lena-Mündung;

Amerika .... 6.) Point Barrow;
Amerika .... 7.) Lady Franklin Bay oder ein Ort in der Nähe;
Dänemark ..... 8.) ein Ort an der Westküste Grönlands (Godthaab) und als wahrscheinlich:
England........ 9.) Fort Simpson in Canada;
Frankreich .... 10.) Cap Horn;
Deutschland... 11.) Südgeorgien,

von denen die letzten zwei im antarktischen Gebiete gelegen sind.

Das vom Präsidenten vorgeschlagene und von der Conferenz genehmigte Programm der Verhandlungen umfasste folgende Punkte:

I. Die obligatorischen Beobachtungen:
   a) Beginn und Ende der Observationen;
   b) Beobachtungszeiten;
   c) Reihenfolge der Beobachtungen;
   d) meteorologische Beobachtungen;
   e) erdmagnetische Beobachtungen;
       absolute und Variations-Beobachtungen;
   f) Polarlicht-Beobachtungen;
   g) astronomische Beobachtungen.
II. Die facultativen Beobachtungen.
III. Die Reductionen und Berechnungen am Beobachtungsorte.
IV. Verwendung bei verschiedenen Institutionen um Betheiligung.
V. Besondere Vorschläge, insbesondere drei Propositionen des Grafen Hans *Wilczek*.

Ueber Antrag des Grafen *Wilczek* wird zur Generaldebatte und zur detaillierten Discussion der verschiedenen Punkte des Programmes geschritten.

I. Die obligatorischen Beobachtungen.

a) Beginn und Ende der Observationen.

§ 1. Nach einer längeren Besprechung wird ein Vorschlag des Herrn *Wijkander* angenommen, dass die Polarstationen möglichst früh nach dem 1. August 1882 die Beobachtungen beginnen und dieselben möglichst spät vor dem 1. September 1883 beendigen sollen.

b) Beobachtungszeiten.

§ 2. Nachdem Herr v. *Wohlgemuth* vorgeschlagen hat, für alle Beobachtungen Göttinger Zeit anzunehmen,* wird von mehreren anderen Seiten hervorgehoben, dass die Einhaltung dieser Zeit nur für Beobachtungen an den Termintagen von Wichtigkeit sei, weshalb die folgende Proposition des Herrn *Wijkander* angenommen wird: «Die stündlichen magnetischen und meteorologischen Beobachtungen können nach einer

---

* Herr *v. Wohlgemuth* vertrat hier die Ansicht *Weyprecht's*, welche lautet: «Die Gleichzeitigkeit der Ablesung an den magnetischen Instrumenten ist auch an den übrigen Tagen von Wichtigkeit behufs Ermittlung des Zusammmenhanges der magnetischen Störungen mit den Polarlichtern etc.»

beliebigen Zeit angestellt werden, nur die magnetischen Beobachtungen an den Termintagen sollen durchaus nach Göttinger Zeit (mittlere bürgerl. Zeit) gemacht werden.»

Die Termintage sind je der 1. und 15. jedes Monats mit Ausnahme des Jänners, wo der zweite statt des ersten Monatstages als Termintag zu betrachten ist.

c) Reihenfolge der Beobachtungen.

§ 3. Es wird dem freien Ermessen der einzelnen Expeditionen überlassen, die Reihenfolge der Beobachtungen festzusetzen.

d) Meteorologische Beobachtungen.

§ 4. *Temperatur der Luft.* Die Quecksilber-Thermometer sollen mit einer Genauigkeit von $0 \cdot 1\,^\circ$ C., die Weingeist-Thermometer mit einer Genauigkeit von wenigstens $1/_2\,^\circ$ abgelesen werden.

§ 5. Die Thermometer sollen durch eine meteorologische Centralanstalt verificiert werden, und die Weingeist-Thermometer sind ausserdem am Beobachtungsorte bei möglichst niedrigen Temperaturen mit dem Quecksilber-Thermometer zu vergleichen. Der Nullpunkt sämmtlicher zur Verwendung gebrachter Thermometer ist von Zeit zu Zeit neu zu bestimmen.

§ 6. Die Aufstellung der Thermometer ist bei einer Höhe von wenigstens 15—20 $^m/$ über dem Boden in einem Gehäuse (wie z. B. dem von *Wild* angegebenen) so zu bewerkstelligen, dass sie ohne allzu grosse Hemmung der freien Luftcirculation um dieselben gegen alle störenden Strahlungseinflüsse geschützt sind.

§ 7. Das Minimum-Thermometer, das zur Bestimmung der Lufttemperatur dient, muss unter denselben Bedingungen wie die übrigen bezüglichen Thermometer aufgestellt werden.

§ 8. *Die Temperatur des Meerwassers* an der Oberfläche und in Tiefen von 10 zu 10 $^m/$ ist dort zu beobachten, wo es möglich ist. Beispielsweise werden als hierfür brauchbare Instrumente genannt: träge Thermometer von *Eckmann, Negretti und Zambra, Miller-Casella* u. s. w.

§ 9. *Luftdruck.* Auf jeder Station müssen wenigstens ein Haupt-Quecksilberbarometer und ein gutes Observations-Quecksilberbarometer, abgesehen von Reservebarometern und Aneroïden, vorhanden sein.

§ 10. Die Barometer sollen durch eine meteorologische Centralanstalt verificiert werden, und das Observations-Barometer ist in jeder Woche wenigstens einmal mit dem Hauptbarometer zu vergleichen.

§ 11. *Luftfeuchtigkeit.* Psychrometer und Haarhygrometer sind zu verwenden, müssen aber bei niedrigen Temperaturen durch exacte Instrumente so oft wie möglich controliert werden.

§ 12. *Wind.* Die Windfahne und das Robinson'sche Anemometer sind zur Ablesung im Innern des Observatoriums (sieh Construction der schwedischen Apparate auf Spitzbergen) einzurichten. Die Richtung des Windes ist nach 16 Strichen und nach wahrem Azimuthe anzugeben. Die Stärke desselben soll jedenfalls nach dem Robinson'schen Anemometer gemessen und gleichzeitig auch noch nach der Beaufort'schen

Scala geschätzt werden. Als Reserve-Instrument zur Messung der Windstärke für den Fall einer Beschädigung des Robinson'schen Anemometers empfiehlt sich der Einfachheit seiner Aufstellung und seiner Solidität halber das Hagemann'sche Anemometer.

§ 13. *Wolken.* Form, Menge und Zugrichtungen derselben in verschiedenen Höhen nach 16 Strichen sind zu beobachten.

§ 14. *Niederschlag.* Auftreten und Dauer von Regen, Schnee und Graupeln sowie, wenn es möglich ist, die Niederschlagshöhe sind zu notieren.

§ 15. *Wetter.* Gewitter, Hagel, Nebel, Reif und optische Erscheinungen sind gleichfalls zu verzeichnen.

e) Erdmagnetische Beobachtungen.

§ 16. *Absolute Messungen.* Bei der Bestimmung der absoluten Declination und Inclination ist eine Genauigkeit von einer Minute und bei derjenigen der absoluten Horizontal-Intensität von $0 \cdot 001$ ihres Wertes anzustreben.

§ 17. Es ist durchaus erforderlich, ausser den absoluten Beobachtungen im Observatorium selbst auch in der Umgebung desselben eine Reihe von Messungen auszuführen, um etwaige locale Einflüsse zu constatieren.

§ 18. Die absoluten Beobachtungen müssen im engsten Zusammenhange und synchronisch mit den Lesungen an den Variations-Instrumenten ausgeführt werden, um die Angaben der letzteren auf absoluten Wert reducieren, respective den absoluten Wert der Nullpunkte der betreffenden Scalen bestimmen zu können. Die Bestimmungen müssen so häufig ausgeführt werden, dass die allfälligen Aenderungen im absoluten Werte des Nullpunktes der Scalen der Variations-Apparate dadurch mit Genauigkeit controliert werden.

§ 19. *Variations-Beobachtungen.* Es haben sich die Beobachtungen über die Variationen auf alle drei erdmagnetischen Elemente zu erstrecken, und es ist wünschenswert, dass jede Station ein zweites, vollständiges System von Variations-Instrumenten besitzt, womit von Zeit zu Zeit vergleichende Ablesungen gemacht werden können und wodurch einer Unterbrechung der Beobachtungen durch eintretende Unfälle vorgebeugt werden kann.

§ 20. Die Variations-Instrumente müssen mit kleinen Nadeln versehen sein, und die Variationen der Horizontal-Intensität sollen wenigstens bei dem einen Systeme an Unifilar-Apparaten mit Deflectoren beobachtet werden. Wegen der grossen zu erwartenden Störungen müssen die Scalen der Variations-Instrumente eine Ausdehnung von mindestens fünf Graden nach jeder Seite haben, und da die Ablenkungen in einzelnen Fällen selbst diese Grenze überschreiten können, muss man sich darauf vorbereiten, auch solche grössere Ausschläge noch messen zu können. Die Apparate sind so aufzustellen, dass eine Gleichzeitigkeit der Ablesungen möglichst erleichtert wird.

§ 21. Während der ganzen Zeit werden die Variations-Instrumente von Stunde zu Stunde abgelesen. Es ist wünschenswert, dass zwei Ablesungen mit einem Zwischenraume von einigen Zeitminuten, z. B. vor und gleich nach der vollen Stunde, gemacht werden.*

§ 22. Als Termintage werden der erste und fünfzehnte Tag eines jeden Monats festgestellt (nur im Jänner soll der 2. statt des 1. Jänner genommen werden), und zwar von Mitternacht zu Mitternacht *Göttinger Zeit* (mittlere bürgerliche Zeit). Die Lesungen geschehen von fünf zu fünf Minuten jedesmal zur vollen Minute, und zwar sind die drei Elemente möglichst rasch nach einander abzulesen in folgender Reihenfolge: Horizontal-Intensität, Declination, Vertical-Intensität.

§ 23. An solchen Termintagen sind ausserdem während einer vollen Stunde nach je 20 Secunden Beobachtungen, wenn auch nur die *Declination*, auszuführen. Diese eine Stunde verschärfter Beobachtungen ist für die verschiedenen Termintage in nachfolgender Tabelle aufgeführt:

	Göttinger bürgerliche Zeit.		Göttinger bürgerliche Zeit.
1882. 1. August	$12^h - 1^h$ nachmittags	1883. 15. Februar	$1^h - 2^h$ vormittags
15. »	1 — 2 »	1. März	2 — 3 »
1. Septemb.	2 — 3 »	15. »	3 — 4 »
15. »	3 — 4 »	1. April	4 — 5 »
1. Oktober	4 — 5 »	15. »	5 — 6 »
15. »	5 — 6 »	1. Mai	6 — 7 »
1. Novemb.	6 — 7 »	15. »	7 — 8 »
15. »	7 — 8 »	1. Juni	8 — 9 »
1. Dezemb.	8 — 9 »	15. »	9 —10 »
15. »	9 —10 »	1. Juli	10 —11 »
1883. 2. Jänner	10 —11 »	15. »	11^h vorm. — 12^h mittags
15. »	11 —12 »	1. August	$12^h - 1^h$ nachmittags
1. Februar	12 — 1 vormittags	15. »	1 — 2 »

f) Polarlicht-Beobachtungen.

§ 24. Die Polarlichter sind stündlich zu beobachten in Bezug auf Gestalt, Farbe und Bewegung; die Lage ist auf das wahre Azimuth zu beziehen. Die Helligkeit der verschiedenen Theile desselben ist nach einer Scala von 0—4 zu schätzen. (Sieh *Weyprecht*: Praktische Anleitung zur Beobachtung der Polarlichter, 1881.) Wenn die allgemeine Erleuchtung durch das Polarlicht genügt, um gedruckte Buchstaben zu lesen, so ist ihre Stärke auf diesem Wege zu schätzen nach der bei Augenprüfungen üblichen Methode (z. B. nach der Scala von *Jäger* in Wien).

§ 25. An den Termintagen sind fortlaufende Polarlichter-Beobachtungen auszuführen.

---

* Zu dem § 21 befindet sich im Berichte der Hamburger Conferenz folgendes Separatvotum *Weyprecht's*: «In Anbetracht dessen, dass mir stündlich einmalige Lesungen in nicht genau präcisierten Momenten als ungenügend erscheinen, um in jenen Gegenden der fast ununterbrochenen Störungen zu solchen Perioden und Mittelwerten zu gelangen, welche den Störungscharakter des Ortes und die Epoche genügend genau für den Vergleich ausdrücken, — in Anbetracht der geringen Mehrarbeit, welche durch wiederholte, in präcisierten Momenten ausgeführte Lesungen verursacht wird, kann ich mich der Ansicht der Majorität der Conferenz nicht anschliessen. Ich erkläre, dass die allenfalls von mir zu führende Expedition stündlich um $-^h 58^m 0^s$, $-^h 59^m 0^s$, $-^h 60^m 0^s$, $-^h 61^m 0^s$, $-^h 62^m 0^s$, und zwar nach Göttinger Zeit, alle drei Variations-Instrumente ablesen wird.»

§ 26. Besonders bemerkenswerte Fälle von Polarlichtern und von magnetischen Störungen müssen den Gegenstand eingehender Untersuchungen bilden, um hierdurch zu ermöglichen, einen Zusammenhang der verschiedenen Phasen dieser beiderlei Erscheinungen zu ermitteln.

g) Astronomische Beobachtungen.

§ 27. Da principiell der möglichste Synchronismus bei den Ablesungen angestrebt werden soll, so sind Orts- und Zeitbestimmungen mit Instrumenten fester Aufstellung (Universal-Instrument, Passage-Instrument) auszuführen, was aber den Gebrauch guter Reflexions-Instrumente nicht ausschliessen soll. Es muss mit allen Mitteln darnach gestrebt werden, möglichst rasch eine für die Zwecke genügende Orts- (namentlich Längen-) Bestimmung zu erhalten.

II. Die facultativen Beobachtungen.

§ 28. Die Conferenz empfiehlt die nachfolgend aufgeführten Beobachtungen und Untersuchungen der Beachtung aller derer, welche mit dem Entwurfe der Instruction für eine Expedition betraut oder selbst bei einer solchen zu wirken berufen sind.

§ 29. *Meteorologie.* Variation der Temperatur mit der Höhe; die Temperatur des Bodens, des Schnees und des Eises, an der Oberfläche und in verschiedenen Tiefen unter derselben; Insolation, Verdunstung in allen Jahreszeiten; Schmelzung des Eises während des Sommers.

§ 30. *Magnetismus.* Zeitweise absolut gleichzeitige Lesung aller drei Elemente des Erdmagnetismus behufs genauer Bestimmung des Verhältnisses zwischen den gleichzeitigen Aenderungen der Horizontal- und der Vertical-Intensität.

§ 31. *Galvanische Erdströme.* Beobachtungen von Erdströmen in engem Zusammenhange mit den magnetischen Beobachtungen und den Polarlicht-Erscheinungen.

§ 32. *Hydrographische Untersuchungen.* Beobachtungen über Meeresströmungen, Dicke, Structur und Bewegung des Eises, Tieflothungen und Beobachtungen über die physikalischen Eigenschaften des Meerwassers, z. B. Bestimmung der Temperatur und des specifischen Gewichtes; Beobachtungen über Ebbe und Flut, womöglich mit selbstregistrierenden Apparaten.

§ 33. *Polarlicht.* Messung der Höhe des Polarlichtes durch zwei ungefähr in der Richtung des magnetischen Meridians in einiger Entfernung, z. B. in einer Distanz von 5 Kilometern, von einander aufgestellte Beobachter.

§ 34. *Spectroskopische Beobachtungen.*[*] Beobachtungen der Luftelektricität, der astronomischen und terrestrischen Refraction, der Däm-

---

[*] Zu diesem Paragraphe hat Herr Prof. *Lemström* ein Project von Beobachtungen eingereicht, welche nach ihm geeignet sein sollen, das Nordlicht als die Wirkung eines in der Atmosphäre von oben nach unten gehenden elektrischen Stromes zu erweisen. Dieser Vorschlag ist in der Beilage zu den Protokollen der Conferenz abgedruckt.

merung,* der Länge des Secundenpendels, über das Anwachsen und den Bau des schwimmenden Eises und der Gletscher. — Sammlungen von Luftproben für Analysen. — Beobachtungen und Sammlungen aus dem Gebiete der Zoologie, Botanik, Geologie u. s. w.

III. Die Reductionen und Berechnungen (am Beobachtungsorte).

§ 35. In Bezug auf Berechnungen und Reductions-Methoden der meteorologischen Beobachtungen sollte man sich an die in Wien und Rom vom Meteorologen-Congresse gefassten Beschlüsse halten.

§ 36. In Bezug auf die Berechnung der magnetischen Beobachtungen wird die Anwendung der metrischen Einheiten von *Gauss* empfohlen. Aus den Variations-Beobachtungen sind zunächst die Declination, die horizontalen und verticalen Componenten der Intensität abzuleiten.

IV. Publication der Beobachtungen.

§ 37. Von den Beobachtungen sind so bald als möglich nach Rückkehr der Expeditionen dem Präsidenten der internationalen Polar-Commission Resumés derselben zur gemeinsamen und raschen Veröffentlichung zuzuschicken. Es ist ebenso wünschenswert, wenn thunlich, auch schon früher ebendahin Nachrichten über die Schicksale und den allgemeinen Erfolg der Expeditionen gelangen zu lassen.

§ 38. Sämmtliche Beobachtungen sollen ausserdem nach erfolgter Bearbeitung in extenso veröffentlicht werden. Die internationale Polar-Commission wird sich daher nach der Rückkehr der Expeditionen zu einer neuen Berathung versammeln, um den Umfang der erzielten Resultate kennen zu lernen und sich über die zweckmässigste Publicationsweise derselben zu einigen.

§ 39. Bei der Publication sollte das metrische Mass benutzt und alle Temperaturen in Centesimalgraden ausgedrückt werden.

V. Massregeln zur Erweiterung und Erleichterung der Beobachtungen.

§ 40. Damit man durch die Ausführung der vereinbarten Beobachtungen möglichst vollständige Beiträge zur Lösung der meteorologischen und erdmagnetischen Fragen auf der ganzen Erde erhalten kann, bittet die Conferenz ihren Präsidenten, die erforderlichen Schritte dafür thun zu wollen, dass auch die bereits bestehenden Observatorien in den gemässigten Zonen — und ganz besonders die auf der Süd-Hemisphäre — während der Dauer der Expeditionen vollständigere meteorologische und magnetische Beobachtungen anstellen und an den magnetischen Termin-Beobachtungen sich betheiligen.

---

* Auf die Beobachtung der *Dämmerung* hat Herr Prof. *von Bezold* in einem Schreiben an die Polarcommission aufmerksam gemacht. (Gleichfalls in der Beilage zu den Protokollen enthalten.)

§ 41. Die Conferenz ersucht den Präsidenten, seine Bemühungen um Betheiligung am Unternehmen bei den Instituten und Privaten fortzusetzen, von welchen noch eine Unterstützung desselben zu gewärtigen sein dürfte.

§ 42. Die Conferenz ist der Ansicht, dass während der Dauer der Polarexpedition die Beobachtung elektrischer Strömungen in Telegraphenleitungen sowohl an den Terminstagen als zur Zeit magnetischer Stürme von hervorragender Bedeutung ist. Daher bittet sie ihre Mitglieder, bei den Telegraphenverwaltungen ihrer Staaten dahin wirken zu wollen, dass solche Beobachtungen ausgeführt werden. Besonders ersucht die Conferenz ihren Präsidenten, diese Frage, wenn er es rathsam findet, bei dem elektrischen Congresse anregen zu wollen, welcher im September dieses Jahres in Paris zusammentritt.

§ 43. Die Conferenz bittet ihre Mitglieder und den Präsidenten, dahin zu wirken, dass die Kriegs- und Handelsmarinen der verschiedenen seefahrenden Nationen sich während der Dauer der Expeditionen ebenfalls an den verlangten Beobachtungen betheiligen.

§ 44. Die Conferenz ist der Ansicht, es wäre für die Verbreitung des Interesses an dem gemeinsamen Unternehmen höchst förderlich, wenn sie durch eine besondere, in zwanglosen Lieferungen erscheinende Publication ihre Beschlüsse sowie Berichte, erste Beobachtungsresultate etc., die an sie gelangen, möglichst rasch und zusammenhängend an die Expeditionsleitungen und in wissenschaftliche Kreise könnte gelangen lassen, und bittet daher ihren Präsidenten, Vorschläge über die Herausgabe einer solchen Publication durch ein Circulär zu machen.

§ 45. Die Conferenz ersucht ihre Mitglieder, in ihren Ländern die erforderlichen Schritte zu thun, dass erstlich die Stationshäuser und die widerstandsfähigeren Ausrüstungsgegenstände nach Beendigung der Beobachtungen so viel als möglich an Ort und Stelle belassen werden möchten, um die Wiederaufnahme solcher simultanen Beobachtungen in Zukunft zu erleichtern, und dass ferner diese Gegenstände von Regierungswegen dem Schutze der Schiffer, beziehungsweise der angrenzenden Bevölkerung, anempfohlen werden.

§ 46. Die Conferenz empfiehlt ihren Mitgliedern, im Namen der Conferenz bei den bezüglichen Verwaltungen ihrer Länder dahin zu wirken, dass auf Eisenbahnen und Dampfschiffen eine Herabsetzung des Fahr- und Frachttarifes für das Personal und das Material der internationalen Polarexpeditionen bewilligt werde.

Anlage II.

Ein
TAGEBUCH

geführt von sieben Seeleuten,

welche

auf der Insel St. Maurice (Jan Mayen) bei Grönland

in den Jahren 1633 bis 1634

überwinterten und sämmtlich auf dieser Insel starben.

Einleitende Worte des holländischen Originales.

An den Leser!

Gott, dem Schöpfer und Erhalter des Weltalls, durch dessen unerforschlichen Willen die Gedanken der Menschen regiert werden, hat es gefallen, das Comité der Grönland-Compagnie zu dem Entschlusse zu bestimmen, dass es die genauesten Untersuchungen über die wahren Verhältnisse Grönlands während der Winterszeit anstellen lasse: so über die dortigen Nächte und andere eigenthümliche Erscheinungen, über welche die Astronomen nicht einig sind. — Es wurde daher beschlossen, sieben der kühnsten und tauglichsten Seeleute der Flotte auszuwählen, welche zu diesem Behufe den ganzen Winter dort zubringen sollten. Als dieser Beschluss veröffentlicht wurde, trugen sich die folgenden Sieben zu diesem Dienst an und wurden einstimmig angenommen, nämlich: **Outgert Jakobson** aus Grotenbrook als Commandant; **Adrian Martin Carman** aus Schiedam, Schreiber; **Thauniss Thaunissen** aus Shermerhem als Koch; **Dick Peterson** aus Veenhuyse; **Peter Peterson** aus Harlem; **Sebastian Gyse** aus Delfts-Haven und **Gerard Beautin** aus Bruges.

Nach Zurücklassung dieser Sieben auf der Insel St. Maurice, welche sie selbst gewählt hatten, setzte die niederländische Flotte am 26. August unter Segel, und die zurückgelassenen Seeleute hinterliessen uns die nachfolgende Schilderung.

Tagebuch.

Am 26. August gieng unsere Flotte bei steifer Nordostkühlte und hohlgehender See, die nachtsüber andauerten, nach Holland unter Segel. — Am *27.* bestiegen wir bei fortwährendem Nordostwinde vier- oder fünfmal einen nahe gelegenen Hügel, konnten jedoch nicht die geringste Dunkelheit während der ganzen Nacht beobachten. — Am *28.* begann es bei gleichem Winde sehr stark zu schneien; wir theilten damals ein halbes Pfund Tabak (das unsere wöchentliche Ration bildete) unter einander; gegen Abend giengen wir zusammen umher in der Absicht, irgend etwas der Beobachtung Würdiges zu entdecken, fanden jedoch nichts. — Am *29.*, einem sonnigen und klaren Tage, bestiegen wir alle zusammen nachmittags den vorgenannten Hügel und konnten (wie verschiedenemale später bei klarem Wetter) den Bärenberg deutlich sehen. — Am *30.* drehte der Wind nach Nordwest, mit leichtem Schneefall am Nachmittage. Nachts bewölkt und Nordostwind. — Am *31.*, welcher ein klarer, sonniger Tag war, genossen wir einen vollständigen Anblick des Bärenberges und hatten bei steifer Nordostkühlte eine schöne, sternhelle Nacht.

Der 1. September zeigte sich als ein schöner Tag mit Nordwestwind, etwas Schnee am Abende und frischem Nordost bei Nacht. Wir giengen drei- oder viermal auf den Hügel, sahen jedoch nichts. — Am *2.* währte derselbe Wind; etwas Schnee fiel und die Nacht war bewölkt. — Der *3.* war ein schöner Tag mit leichtem Schneefall. Wind wie tagsvorher, blieb auch am *4.* und *5.* der gleiche. Auch an den letztgenannten Tagen leichter Schneefall. Die Nächte schön und sternhell. — Der *6.* war bei gleichem Winde vormittags schön, nachts regnerisch. — Den *7.* währte tagsüber bei schönem Wetter derselbe Wind, nachts drehte er jedoch gegen Südost zu Süd und brachte recht viel Regen. — Der Morgen des *8.* war bei Südostwind regnerisch, der Nachmittag schön, die Nacht sternhell. Bei Beginn derselben wurden wir durch ein Geräusch erschreckt, als ob etwas sehr Schweres auf den Boden gefallen wäre, sahen aber nichts.* Der Wind wehte noch aus Südost. — Der *9.* war bei gleichem Winde ein sonniger Tag und so warm, dass wir unsere Bordhemden auszogen und an der Hügellehne in der Sonne herumhetzten; auch sichteten wir den Bärenberg. Die Nacht war regnerisch; Südostwind. — Am *10.* hatten wir einen sehr stürmischen Tag, eine regnerische Nacht

---

* Scoresby schreibt dieses Geräusch einer vulcanischen Erscheinung zu, wenn es nicht etwa ein Gletschersturz war. (Anm. d. Uebersetzers.)

und den gleichen Wind. — Der *11.* war neblig und regnerisch. Der Wind, vormittags Südost zu Süd, drehte nachmittags gegen Südwest. Nachts wehte Nordost bei trübem Wetter. Wir machten einen Versuch, etwas Grünzeug zu finden, da wir uns nach einer Abwechslung in unserer Kost sehnten. — Am *12.* bei klarem Wetter steifer Nordost. Die Nacht schneeig, Wind der gleiche. — Der *13.* war ein schöner, sonniger Tag. Der Wind wehte zuerst aus Südost und brachte dann, nach Nordost zu Nord drehend, Schneefall. Die Nacht war still und bedeckt; der Wind aus Nordwest. — Am *14.* schönes Wetter, Westwind und wenig Schnee. Wir bestiegen den Hügel, sahen aber nichts, was besonders beobachtungswert gewesen wäre, nur beobachteten wir zur Nachtzeit den Sonnenuntergang. Abends hatte Nordwest zu West, während der klaren Nacht Südwest geweht. — Am *15.* blies es sehr steif, so dass die See schäumte; wir beobachteten die Sonne von Süden bis Südwesten, um welche Zeit es sich bewölkte. Die Nacht jedoch war sternhell, der Wind aus West. — Der *16.* war bei Südwestwind ein schöner sonniger Tag, welcher uns zum Herumstreifen einlud; wir sammelten einige Kräuter zu Salat. Die Nacht war sehr mond- und sternhell; eine Menge Seemöven waren zu sehen. — Am *17.* wehte sehr steifer Südwest, welcher die See schäumen machte; der Tag jedoch war klar, die Nacht ruhig bei gleichem Winde. — Am *18.* hatten wir einen Regentag mit Südwest zu Süd. Es war das erstemal, dass wir unsere für eilf Tage bemessene Brandy-Ration ausfassten. — Der *19.* war ein klarer Tag bei Westwind. Die Nacht sternhell mit Südost. — Der *20.* war sonnig, der Wind aus Südost zu Süd. Wir luden unsere Geschütze aus, da wir zu jener Jahreszeit von den Biscaya-Kapern nichts mehr zu fürchten hatten. Nachts Südwestwind und sternhell. — Den *21.* Tag und Nacht mistig und regnerisch. Wind aus Südwest. — Am *22.* blies und regnete es sehr stark. Wind aus Südwest. — Der *23.* war bewölkt; Ostwind. Wir entdeckten einen Walfisch nahe dem Strande, was uns veranlasste, unser Boot auszusetzen, um ihn zu fangen; er gieng uns aber durch. Der Himmel verfinsterte sich und plötzlich traten Regen und Nebel ein. Auch nachts regnete es sehr stark; der Wind kam aus Südost. — Der *24.* brachte Südost zu Süd, vormittags Regenwetter, jedoch einen schönen Nachmittag. Wir giengen zum «Rothen Hügel», um Salatkräuter zu suchen, fanden aber keine. Nachts blies Südost. — Der Morgen des *25.* war sehr regnerisch, der Wind aus Südost zu Ost, der Nachmittag und die Nacht aber sehr stürmisch. — Am *26.* hatten wir kaltes Frostwetter mit östlichem Winde. — Der *27.* war ein schöner Tag mit Nordostwind. Wir giengen gegen die Südseite der Insel, um Salatkräuter zu suchen, fanden jedoch keine; sie waren durch die kalten Regen zugrunde gerichtet worden. Nachts drehte der Wind nach West, dazu sehr trübes Wetter. — Am *28.* erhob sich ein heftiger Sturm aus Nord mit leichtem Schneefall und schnell dahinziehenden Wolken; die Nacht aber war schön; Südostwind. — Am *29.* blies es sehr steif aus Südost; dabei leichter Schneefall. Wir beobachteten die Höhe der Sonne etwas über den Bergen. Die Nacht war schön, der Wind Süd. — Der *30.* war ein bewölkter Regentag, der Wind aus Südwest zu West; die Nacht sehr nass (Regen gemischt mit Schneefall), auch sehr stürmisch.

Der 1. Oktober brachte einen schönen Morgen, der Wind wehte aus Nordost; der Nachmittag aber war stürmisch, die Nacht bewölkt bei gleichem Winde. Da es Frostwetter machte, beschlossen wir, auf die Südseite der Insel zu gehen. — Am *2.* fror es so stark, dass das Eis auf der Südseite Menschen zu tragen vermochte; der Wind war der gleiche wie tags vorher. Hier fanden wir eine hübsche Quelle frischen Wassers. Die Nacht war sehr klar bei östlichem Winde. — Am *3.* vormittags wehte derselbe Wind, drehte aber später nach West. Wir hatten Frost und Schnee, die Nacht jedoch war sehr hell. — Der *4.* zeigte sich als stürmischer Tag mit Südwind; am Morgen sichteten wir den Bärenberg; der Nachmittag war sehr warm, die Nacht bei sehr starkem Südwestwinde neblig und regnerisch. — Am *5.* währte derselbe Wind bis in die Nacht, wodurch wir den ganzen Tag an unsere Hütten gefesselt waren. Nachts drehte der Wind gegen Süd. — Am *6.* hatten wir Frostwetter; der Wind war der gleiche, wie am Tage vorher. Wir beobachteten die Sonne im Süden unserer Hütten, beiläufig einen halben Schritt über dem Hügel, auch konnten wir den Bärenberg sehen. Nachts blies es sehr steif aus Südwest zu Süd bei hohem Seegang und sehr dunklem Himmel. — Am *7.* wehte stürmischer Südwest zu West; wir bestiegen den Hügel, ohne dort etwas wahrnehmen zu können. Die Nacht war sehr feucht. — Am *8.* wehte der gleiche Wind; morgens Schneefall; nachmittags drehte der Wind nach Südwest zu Süd. Bei Anbruch der Nacht erhob sich ein starker Sturm, welcher unsere Hütten derart schüttelte, dass wir sie verlassen mussten. Das Unwetter nahm bis tief in die Nacht zu; dabei Schneefall und Frost. Der Wind, zuerst Nordost, drehte später gegen Nord und brachte sehr hohe See. — Am *9.* dauerte der Sturm bei Frost und Schneefall mit solcher Heftigkeit fort, dass kein Schiff denselben hätte vor Anker abreiten können; die Wellen erhoben sich bei dem Nordwinde bis über den Wall der steilen Küste. Da es ausserordentlich kalt war, zündeten wir zum erstenmale Feuer an. Wir hatten nachtsüber noch immer sehr steifen Nordost zu Nord, welcher auch am *10.* anhielt. Die ausserordentliche Kälte nöthigte uns, zu Hause in der Nähe des Feuers zu bleiben. Wir nahmen eine merkliche Veränderung in unserem körperlichen Befinden wahr, da wir durch plötzliche Schwindelanfälle beunruhigt wurden. Der Wind blieb derselbe wie zuvor. — Am *11.* war sehr kaltes Schneewetter und Wind aus Nordost. Wir hatten draussen etwas Wäsche aufgehängt, um sie zu trocknen, mussten aber froh sein, sie wieder zum Feuer bringen zu können, da sie in einem Augenblicke bretthart gefroren war. Wir giengen längs der Küste zu den Südklippen, ohne etwas zu finden oder zu sehen. — Am *12.* fror, schneite und blies es so stark, dass unser Bier im Fasse, welches eine Klafter vom Feuer entfernt lag, gefror; der Wind kam aus Nordost. An diesem Tage giengen wir auf den Hügel, sahen aber nichts. — Am *13.* hielt das kalte Wetter an; wir machten wie gewöhnlich eine Rundschau vom Hügel, entdeckten aber nichts, ausser dass wir die Sonne sehr klar zwischen Süd und West untergehen sahen. Der Wind kam aus Nord; die Nacht war anfangs sternhell, gegen Morgen aber stürmisch mit Schnee. — Am *14.* waren Wind und Wetter dieselben, und wir beobachteten den Sonnenuntergang in Südwest zu West. Die Nacht war theilweise sternhell. — Am Morgen des *15.* fanden wir nahe dem «Alten Amsterdamer Ofen» zwei an die Küste getriebene Walfische. Wir machten uns mit unseren Harpunen, Lanzen und Waidmessern an sie heran, aber trotz unserer Bemühungen wurden wir ihrer nicht habhaft, da sie mit Hilfe der Flut entkamen. Das Wetter war leidlich gut, der Wind wie tags vorher; wir giengen auf den Hügel, aber ohne etwas zu sehen. — Am *16.* dauerte das sehr kalte Wetter mit Schneefall und demselben Winde an, was unser Wohlbefinden in nicht geringem Masse nachtheilig beeinflusste. Wir thaten einen Rundblick vom Hügel, ohne aber irgend etwas zu bemerken. — Am *17.* war noch immer frostiges Wetter mit bewölktem Himmel, und es blies sehr steif aus Nord. Der Abend war sternhell, unser Weg nach dem Hügel wieder resultatlos. — Am *18.* dauerte der Frost an; der Wind kam aus Nord. Wir beobachteten den Sonnenuntergang in Südwest zu West oder fast Südwest. Es folgte eine sehr mondhelle Nacht. — Am *19.* hielt der Wind aus Nord an; vom Hügel aus sahen wir den Bärenberg und beiläufig eine Meile nordwärts der Küste einiges Eis. Wir hatten einen sonnigen Tag, aber die Sonne erhob sich nicht hoch genug, um mit ihren Strahlen über den Hügel in unsere Hütten an der Bucht zu dringen. Die Nacht war klar und mondhell. — Am *20.*, einem schönen Tage mit Nordostwind, erblickten wir einen Bären. Es war dies der erste, welchen wir sahen, doch konnten wir ihn nicht erlegen. Ein gutes Stück seewärts von der Küste nahmen wir grosse Eisschollen wahr; die Nacht war sehr kalt mit Ostwind. — Am *21.* schneite es sehr stark und blies heftig aus Nordost, welches Wetter auch nachtsüber anhielt. — Am *22.* fiel den ganzen Tag hindurch Schnee; die Nacht blieb bewölkt, der Wind der gleiche. — Der *23.* war bewölkt, Wind aus Nordost; wir thaten einen Rundblick vom Hügel, sahen aber nichts; die Nacht war sehr schön. — Am *24.* waren Wind und Wetter dieselben mit etwas Frost. Wir bestiegen den «Rothen Hügel», sahen dort aber nichts als die Spuren einiger Thiere, woraus wir schlossen, dass dieselben gegen die Küste herabgestiegen waren. Die Nacht war klar und frostig. — Am *25.* hatten wir einen ausserordentlich kalten, wenngleich sonnigen Tag; der Wind kam aus Südwest. Die Sonnenstrahlen erreichten jedoch des Hügels wegen unsere Hütten nicht. Die Nacht war sternhell. Ein Bär kam in Sicht unserer Hütten, wir konnten ihn aber nicht erlegen. Der Wind war derselbe wie tags vorher. — Am *26.* blies der Wind aus derselben Richtung; wir giengen auf den Hügel, sahen aber nur Eis. Die Nacht war sehr klar, der Wind aus West. — Am *27.* gab es schönes Wetter; der Wind wie gestern, die Nacht sehr klar und sternhell. — Am *28.* blies der Wind bei klarem Frostwetter Tag und Nacht aus der gleichen Richtung; wir bestiegen den Hügel, sahen aber nichts. — Der *29.* war bei Nordwind ein ausserordentlich kalter Tag; nicht allein die Bucht, sondern auch die See war, soweit wir sehen konnten, voll von Eis; nachts schneite es sehr stark, der Wind blieb derselbe. — Den *30.* dauerte der strenge Frost bei gleichem Winde an, und die See war so voll Eis, dass gar kein eisfreier Platz zu sehen war; die Nacht war sehr stürmisch. — Am *31.* verursachte der Nordwind einen so ausserordentlichen Frost und Schneefall, dass nirgends auch nur ein Tropfen Wasser zu sehen war, wohin immer man schauen mochte. Einige unserer Gefässe trieb der Frost in

Stücke; wir retteten unser Bier und die anderen geistigen Getränke dadurch, dass wir sie im Speisenkeller verwahrten.

Am 1. November erhöhte ein Nordostwind rapid die Kälte derart, dass von dem Hügel aus auf der Nordseite nichts als Eis zu sehen war; wir hatten aber doch noch zehn Stunden Tag, obgleich wir selten die Sonnenstrahlen sahen, da dieselben nur die Südseite beschienen, nach welcher wir Schnee und Eises halber nicht gelangen konnten. Gegen Abend bekamen wir einen Bären zu sehen, welcher sich jedoch, sobald er unsere Annäherung bemerkte, auch schon auf das Eis der See in Sicherheit brachte, da diese Thiere hier sehr scheu sind. Um diese Zeit nahm die Kälte so grimmig zu, dass wir, um unser Bier und die übrigen geistigen Getränke zu erhalten, uns bemüssiget sahen, im Speisenkeller Feuer anzumachen. Während der Nacht erschienen die Bären in solcher Anzahl rings um unsere Hütten, dass wir uns kaum aus denselben herauswagen durften; der Wind war der gleiche wie zuvor. — *Am 2.* (wir hatten sehr starken Frost) entdeckten wir fünf oder sechs Bären auf dem Eise der Bucht; einen derselben tödteten wir, der Rest rettete sich jedoch auf das Eis. — *Der 3.* brachte uns erträglich gutes Wetter mit Wind aus Nordost. Von vier Bären, die wir sahen, erlegten wir einen durch einen Gewehrschuss und holten ihn von dem Eise der Bucht mit Hilfe einiger Taue, die wir mit uns hatten, ans Ufer. Die Nacht war sternhell, der Wind wie früher. — *Am 4.* fror es bei Nordostwind sehr stark, obgleich der Himmel sehr bewölkt war. Wir sahen drei Bären, konnten aber keinen von ihnen erlegen, da sie unverzüglich auf das Eis in See flüchteten. Der Wind kam aus West. — *Am 5.* brachte Südwind so heftigen Schneefall, dass wir uns aus den Hütten nicht herauswagen durften. Wir hatten in jüngster Zeit keine Seemöven mehr gesehen. Die ganze Nacht dauerte der Südwind, ebenso auch am *6.* mit etwas stürmischem Wetter. Nachts wechselte der Wind nach Ost. — *Der 7.* war ruhig, Wind aus Nordost. Wir giengen auf den Hügel, entdeckten aber nichts. Nachts drehte der Wind gegen Nord und füllte die Bucht mit grossen Eisschollen. — *Am 8.* hielt der Nordwind bei ausserordentlich kaltem Wetter an; aus Mangel an Wasser waren wir gezwungen, unseren Wasserbedarf aus Schnee zu gewinnen. — *Am 9.* liess der Nordwind nach, und wir machten einen Ausflug nach dem südlichen Ufer, wo wir kein Eis sahen, jedoch die Sonne in ihrem vollen Glanze erblickten. Es war seit 21 oder 22 Tagen das erstemal, dass wir sie wieder sahen; sie blieb beiläufig eine halbe Stunde über dem Horizonte. Der Wind blies die ganze Nacht so wie auch am folgenden Tage, am *10.*, aus Nord; wir sahen viele Bären. — *Am 11.* frischte der Nordwind auf und der Himmel war dicht bewölkt; nachts drehte der Wind nach Nordost und hielt aus dieser Richtung auch am *12.* mit gleichzeitigem, sehr dichtem Nebel an. Wir bestiegen den Hügel, konnten jedoch ausser Eis und einigen Seemöven nichts sehen; die Nacht war mondhell, der Wind aus Ost. Bei gleichem Winde fror es am *13.* sehr empfindlich, und am *14.* sprang der Wind nach West um. Das kalte Wetter dauerte an und brachte gewaltige Eismassen in die Bucht; wir hatten eine helle Mondnacht, sahen jedoch an jenem Tage keine Bären. — *Am 15.* sahen wir zwar drei oder vier derselben, hatten aber wirklich auch bloss das Vergnügen, sie zu sehen, denn sie kamen nicht in den Bereich unserer Schusswaffen. — Am *16.* blies der Wind Tag und Nacht aus der früheren Richtung. Wir schossen nach einem Bären, der in Sicht kam, fehlten ihn jedoch, und er flüchtete auf das Eis der Bucht. — Am *17.* drehte der Wind nach Nord bei trübem Schneewetter, doch war die Kälte nicht so furchtbar als früher. Am *18.* nahm der Frost bei Nordostwind wieder zu, erwies sich indessen bisher noch recht leidlich. Den grössten Theil unserer Zeit verbrachten wir mit gegenseitigem Erzählen der Abenteuer, welche wir zu Wasser und zu Lande erlebt hatten; die Nacht war sehr schön und sternhell. — Am *19.* wechselte der Wind wieder nach Nord; wir überstiegen den Hügel an der Südseite, jedoch nicht ohne grosse Schwierigkeiten, da wir oft knietief im Schnee waten mussten. Hierauf sahen wir den Bärenberg in seiner ganzen Grösse vor uns und die Sonne gerade über der Meeresoberfläche. Wir hatten damals eben noch genug Tageslicht, um im Freien schreiben und lesen zu können, nicht aber in unseren Hütten, was uns sehr trübsinnig machte. Der Wind blieb auch am *20.* aus Nord mit trübem Schneewetter; nachts wechselte er nach West und blieb auch so am *21.* Wir bestiegen den Hügel und blickten nach der Nordseite, konnten aber ausser Eis nichts sehen. — Am *22.* hielt Westwind mit sehr kaltem Wetter an. — Am *23.* sprang der Wind nach Nordwest zu West um, und da der Tag schön war, überstiegen wir den kleinen Hügel gegen den «Rothen Hügel» zu, konnten jedoch ausser Eis nichts sehen, wohin auch immer wir unser Auge wendeten; zwei oder drei Bären kamen in Sicht, aber nicht in Schussweite. Der Beginn der Nacht war sehr klar und ruhig; wir entdeckten einen Bären, auf welchen wir unverzüglich unsere stets geladenen Gewehre abfeuerten, und den wir, nach den Blutspuren in der Nähe der Küste zu urtheilen, sehr verwundet hatten. Er entkam jedoch auf das Eis, denn es war nichts Seltenes, dass ein Schuss durch den Körper dieser Thiere gieng, ohne dass sie dabei viel Schaden nahmen. — Der *24.* war ein bewölkter, trüber Tag; der Südostwind trieb den grössten Theil des Eises der Bucht seewärts, jedoch nicht ganz ausser Sicht; nachts drehte der Wind nach West und die Bucht füllte sich wieder mit Eis. Das Wetter war sehr frostig; wir sahen eine grosse Menge Seemöven, die sich jedoch nur zwischen den Bergen hielten. Der Wind war derselbe. — Am *25.* hatten wir Westwind mit Frostwetter und sahen eine grosse Anzahl von Seemöven, welche jedoch bei Anbruch der Nacht nach den Bergen zurückkehrten; der Wind war derselbe. — Am *26.* wechselte der Wind nach Süd, wir hatten einen erträglich milden Tag, und der grösste Theil des Eises wurde aus der Bucht nach See getragen; der Wind blieb derselbe. — Am *27.* war schönes Wetter mit Südwestwind, der nachts nach Ost wechselte. — Der *28.* brachte Südostwind mit schönem Wetter. Wir sahen abermals einen Bären, den wir über den Hügel verfolgten, der jedoch, da er zu flink für uns war, entwischte. Das Wetter war die letzten fünf oder sechs Tage hindurch zu unserer grossen Ueberraschung so milde gewesen, dass wir die Kälte hier nicht für intensiver hielten als in Holland. Der Wind war wie zuvor. — Am *29.* dauerte der gleiche Wind an. Wir begaben uns abermals über den Hügel nach der Südseite der Insel, wo wir alles mit Eis bedeckt fanden, obgleich zur selben Zeit eine halbe Meile seewärts von der Nordküste fast kein Eis zu sehen war. Die Nacht war sternhell. — Am *30.* blies der Wind aus derselben Richtung, und da wir einige Bären sahen, machten wir uns so schnell als möglich hinter sie her, jedoch vergebens, da wir sie nicht einholen konnten; der Wind blieb auch später der gleiche mit starken Regengüssen.

Am 1. Dezember brachte südlicher Wind etwas Regen, sprang jedoch nachts nach Südosten um. — Am *2.* hielt Südost mit Regenwetter an und trieb das Eis nordwärts nach See; nachtsüber gab es mildes Thauwetter. — Am *3.* Südwind mit Regenwetter, nachts steifer Wind. — Am *4.* blieb Tag und Nacht derselbe Wind bei bewölktem Wetter. Wir hörten einige Bären in der Nähe unserer Hütten und verfolgten zwei oder drei derselben, konnten aber keinen erlegen. — Am *5.* hatten wir bei andauerndem Südwinde mildes, ruhiges Wetter, so dass es, soweit wir beurtheilen konnten, in Holland um diese Jahreszeit kaum besser sein konnte. Wir verwundeten einen Bären, wie uns die Blutspuren zeigten; derselbe hatte jedoch noch immer hinreichend Kraft, sich (für uns unerreichbar) auf das Eis zu begeben. — Am *6.* blies der Wind aus Südost; der Himmel war bewölkt, das Wetter mild, die Nacht sternhell bei gleichem Winde. — Am *7.* herrschte bei mistigem Wetter der gleiche Wind. Nachts wechselte er gegen Süd und brachte Schnee und abermals Frost. — Am *8.* hatten wir Nordostwind und einen düsteren, frostigen Tag; nachts wehte Westwind, der auch am *9.* bei sehr klarem und kaltem Wetter anhielt. So weit der Blick reichte, war nur Eis zu sehen. Die Nacht war frostig und sternhell. — Der *10.* war ein herrlicher Tag mit anhaltendem Westwinde; wir sahen uns auf allen Seiten von Eis umgeben. Die Nacht war mondhell und wir entdeckten drei oder vier Bären; einen derselben verwundeten wir zweimal, jedoch entfloh er auf das Eis. Wir bestiegen den Hügel, von welchem aus wir nichts als Eis wahrnehmen konnten. Die ganze Nacht währte Westwind, ebenso auch am *11.* bei schönem Wetter. Wir konnten an diesem Tage keine Bären ausfindig machen, denn alle, welche die Wirkung unserer Feuerwaffen einmal gehört oder gefühlt hatten, waren sehr scheu. Die Nacht war recht frostig. — Am Morgen des *12.* hatten wir das besondere Glück, einen Bären in den Kopf zu treffen, so dass er allsogleich fiel; wir brieten sofort eine Keule, welche uns, da das Thier jung war, ausserordentlich mundete, umsomehr, als wir seit beträchtlicher Zeit nichts als Salzfleisch genossen hatten. Der Wind kam noch immer aus West; sehr kaltes Wetter und ruhige Mondnacht. — Der *13.* war ein bewölkter, düsterer Tag; Wind aus Südwest. Wir begaben uns über den kleinen Hügel zum «Rothen Hügel», sahen jedoch nichts, ausser ungeheuere Eishaufen nordwärts in See. Nachts drehte der Wind nach Südost mit Schneefall. — Der *14.* zeigte sich als klarer, frostiger Tag mit Südwind und heller Mondnacht. Wir fanden das Eis von der Küste ein grosses Stück seewärts getrieben. — Am *15.* gab es bei gleichem Winde einen trüben Tag; das Eis wurde in die Bucht zurückgedrängt. Während der ausserordentlich dunklen Nacht wechselte der Wind nach Südwest. — Am *16.* dauerte derselbe Wind an; wir bestiegen den Hügel, sahen aber nichts. Es war eine mondhelle Nacht. — Der *17.* zeigte sich als ein sehr bewölkter, düsterer Tag; der Wind kam noch immer aus Süd. Wir bestiegen wieder den Hügel, sahen aber nichts. Nachts schneite und thaute es sehr stark bei anhaltendem Südwinde, welcher uns, wie es häufig geschah, eine Menge Seemöven an den Strand brachte. Diese machen hier das gleiche Geräusch, wie in Holland im Monat Mai, ziehen sich aber nachts nach dem Gebirge, ihrem gewöhnlichen Aufenthaltsorte, zurück. — Der *18.* war ein düsterer Regentag; Wind stets aus Süd. — Am *19.* wechselte der Wind nach Ost, brachte starken Frost und eine ruhige, bewölkte Nacht. Derselbe Wind dauerte auch am *20.* bei ruhigem Wetter und dunkler Nacht an. — Am *21.* hielt bei düsterem Schneewetter der gleiche Wind an. Der Schnee lag so hoch, dass wir ohne Wasserstiefel nicht ausgehen konnten; es fror und schneite sehr stark und der Wind kam aus Nord. — Am Morgen des *22.* fanden wir die Bucht mit Eis angefüllt; die Kälte war so streng, dass dies der kälteste Tag war, welchen wir bisher erlebt hatten. Wir hatten noch immer vier Stunden Tageslicht; die Nacht war sternhell und ruhig. — Am *23.* brachte der Ostwind einen hellen, frostigen Tag und eine stürmische Nacht mit so starkem Schneefall, dass wir es kaum wagten, aus unseren Hütten zu treten. Wir sahen, dass das Eis in die Bucht zurückgekehrt war. Der Wind kam noch immer aus Ost und hielt auch am *24.* bei mistigem Wetter an; der letzte Theil der Nacht aber war sternhell mit starkem Frost und Sturm aus Nordost. — Am *25.* hatten wir Südwind und einen hübschen Tag, nachts jedoch wechselte der Wind wieder nach Nord. — Der *26.* war ein klarer, frostiger Tag mit Ostwind; nachts drehte der Wind nach Nordwest. — Am *27.* blieben Wind und Wetter wie tags vorher. Die Nacht war bei östlichem Winde dunkel und ruhig. — Der Ostwind hielt am *28.* mit sehr trübem Schneewetter an. Nachts blies es steif aus West mit so heftigem Schneefall, dass wir unsere Hütten nicht verlassen konnten. Wind und Wetter blieben wie zuvor. — Am *29.* sprang der Wind nach West um, und brachte einen klaren, ausserordentlich kalten Tag; der erste Theil der Nacht war sternhell und ruhig, als aber der Wind später nach Südost wechselte, hatten wir sehr starken Schneefall; am Morgen war die Bucht eisfrei. — Am *30.* blies es steif aus Südwest. Es folgte ein bewölkter aber ruhiger Tag. Weder Bären noch Fische waren zu sehen. — Der *31.* zeigte sich als leidlich guter, ruhiger Tag. Der Südwest verursachte nachts tüchtigen Schneefall; die Kälte aber war ganz erträglich.

Im Jahre 1634 *am 1. Jänner* wünschten wir einander glückliches neues Jahr und einen guten Erfolg unseres Unternehmens, und begaben uns hierauf zum Gebete, um unsere Herzen vor Gott zu erleichtern. Das Wetter war düster, kalt und frostig, der Wind wie zuvor. Zwei Bären kamen unseren Hütten nahe, die Dunkelheit jedoch und der tiefe Schnee machten es uns unmöglich, sie zu erlegen. — Am *2. Jänner* hatten wir Nordostwind und einen klaren Tag; das Eis wurde aus der Bucht seewärts gedrängt, blieb jedoch in Sicht. Der erste Theil der Nacht war sternhell, später jedoch brachte Ostwind bewölkten Himmel mit sich. — Am *3.* regnete es leicht bei Südostwind, welcher am Abend stärker wurde; es blies hierauf steif aus Südwest. — Am *4.* hatten wir heftigen

Westwind und kaltes Wetter; die Bucht war wieder so mit Eis gefüllt, dass man kein Wasser sehen konnte. Die Nacht war ziemlich mild bei östlichem Winde. — Der gleiche Wind währte auch am *5.* bei dichtem Nebel und Frost; die Nacht war sternhell, der Wind aus West. — Der *6.* war ein klarer, frostiger Tag, dabei Nordwind, welcher nachtsüber bei leichtem Schneefall steifer wurde. — Am *7.* blieben Wind und Wetter dieselben, brachten jedoch eine solche Unmasse von Schnee, wie wir sie seit unserem Hiersein noch nicht gesehen hatten; ausserdem fror es Tag und Nacht sehr streng, so dass wir nicht ausgehen durften, aus Furcht, von einer oder der anderen mit Schnee gefüllten Grube verschlungen zu werden. — Der *8.* brachte Nordost mit sehr frostigem Wetter; späterhin bewölkte es sich. Die Nacht war ausserordentlich kalt und stürmisch; die Wirkungen hievon begannen wir an unseren Körpern zu fühlen. — Am *9.* Wind und Wetter wie zuvor. Die Bucht war mit so grossen Eismengen gefüllt, dass sie in der Entfernung, von unseren Hütten aus gesehen (von wo wir so oft unsere Beobachtungen zu machen pflegten), wie weisse Hügel oder Land erschienen. Es war eine klare Mondnacht, obgleich wir den Mond wegen der hohen Hügel zwischen uns und ihm nie früher sehen konnten, als bis er sieben oder acht Tage alt war. Wind und Wetter blieben wie früher. — Am *10.* hatten wir mit Nordostwind einen glänzenden, ruhigen und freundlichen Tag, jedoch gar heftige Kälte, deren Wirkungen wir sehr empfanden. Die Bucht blieb voll Eis. Der grösste Theil der Nacht war sternhell, aber sehr kalt, und so schien es auch weiter bleiben zu wollen. — Der Vormittag des *11.* war klar und ruhig; da jedoch der Wind nachmittags gegen Süd umsprang, bewölkte es sich, war aber nichtsdestoweniger nachts kalt, was uns besonders deshalb sehr verdross, weil der Wind grosse Schneemengen aus Südost brachte. — Am *12.* hielten Wind und Schnee in gleicher Weise an, so dass wir nicht ausgehen konnten; die Kälte war im ganzen genommen nicht so übermässig, wie in den verflossenen Tagen. Nachtsüber blieben Wind und Wetter unverändert, und am Morgen war das Eis in die See gedrängt und ganz ausser Sicht. — Am *13.* brachte der Südostwind eine Masse Schnee; wir sahen einen Bären in der Nähe unserer Hütten, tödteten ihn durch einen einzigen Schuss und zogen ihn mittelst Tauen in unser Zelt, wo wir ihm die Haut abzogen, da das Wetter viel zu kalt und der Schnee viel zu hoch war, um es draussen zu thun. Die Nacht war sehr klar. — Der *14.* war ein ziemlich klarer Tag, der Wind aus Ost; wir giengen über den kleinen Hügel zum «Rothen Hügel», sahen aber nichts. Die Nacht war mondhell, zeitweise auch sternhell, der Wind wie zuvor. — Am *15.* blies ein steifer Ostwind mit Schneefall; wir sahen das Eis beiläufig eine Meile von der Küste entfernt. Die Nacht war mondhell. Der Wind Nordost. — Am *16.* brachte Südwind erträgliches, gutes Wetter; wir machten während unseres Hierseins die Beobachtung, dass bei Südwind das Wetter nicht so kalt war als sonst. Nachts gieng der Wind gegen Ost herum; wir hatten eine dunkle aber frostige Nacht. — Am *17.* derselbe Wind mit kaltem Nebelwetter. Nachts wechselte der Wind gegen Nord und es fror so heftig, dass die ganze Bucht von Eis bedeckt und am nächsten Morgen gar kein offenes Wasser mehr zu sehen war. —

Der *18.* war ein kalter Nebeltag. Nachmittags drehte der Wind gegen West, und nachts begann es bei gleichem Winde zu schneien. — Der Westwind hielt auch am *19.* mit so starkem Schneefall an, dass wir nicht ins Freie gehen konnten. — Am *20.* dauerte das Schneewetter mit Westwind an, und der Schnee lag so hoch, dass wir kaum aus unseren Hütten herausgucken konnten, obgleich es den Rest des Tages über nicht so kalt war, als einige Tage vorher. Nachts brachte uns ein östlicher Wind noch mehr Schnee. — Am *21.* blies derselbe Wind sehr stark bei heftigem Schneefall; nachts wechselte er gegen West. — Am *22.* hielten Schneefall und Westwind mit grosser Heftigkeit an, worauf nachts sehr starker Frost folgte. — Am *23.* gab es einen klaren, frostigen Morgen, welcher uns zu einem kleinen, wenngleich einigermassen beschwerlichen Ausflug aus unseren Hütten nach der Südseite der Insel einlud, wo wir die Höhe der Sonne beobachten wollten. Da es sich jedoch kurz nachher bewölkte, konnten wir keine genaue Beobachtung anstellen; auch sahen wir rings in der Bucht Eis und Schnee mindestens 6 Fuss hoch. Nachts wehte Ostwind und wir konnten manchmal die Sterne sehen; das Wetter blieb wie vorher. — Am *24.* hatte Westwind das Eis eine bedeutende Strecke seewärts getrieben. Zuerst hatten wir klares Wetter, dann war es schneeig, bei Beginn der Nacht endlich sternhell; am Morgen jedoch brachte Südwind bewölkten Himmel. — Am *25.* hielten der steife Südwind und die Bewölkung an; die Nacht war sehr kalt. — Am *26.* schneite es stark; der Wind kam aus West; am Abende bedeckte das Eis wieder die ganze Bucht. Während der bewölkten Nacht drehte der Wind nach Süd. — Am *27.* bei Westwind hatten wir einen milden, bewölkten Tag und es wurde mehr Eis in die Bucht getrieben. Die Nacht war dunkel und schneeig mit Ostwind. — Am *28.* wehte zuerst Westwind, der nach Südost umspringend Schneefall brachte; während der Nacht wurde das Eis wieder eine gute Strecke seewärts getrieben. — Am *29.* drehte der Wind nach Südwest, nachts gegen West mit starkem Regen; morgens war die Bucht wieder voll Eis; Wind und Wetter wie vorher. — Der *30.* war ein ruhiger, klarer und frostiger Tag. Wir giengen, wenngleich nicht ohne Beschwerlichkeit, auf den Hügel und beobachteten, nach Süden blickend, die Sonne unserer Schätzung nach ein und eine halbe Stunde über dem Horizont. Nachts wechselte der Wind nach Ost bei schönem Wetter, zeitweilig erschienen die Sterne; Wind und Wetter blieben wie vorher. — Am *31.* brachte Westwind reichlichen Schneefall; nachts drehte der Wind nach Nord, dabei sternhelles Frostwetter.

Am 1. Februar blieb der Wind wie tags vorher; das Wetter war hell und ruhig. Wir bestiegen den Hügel und sahen die Sonnenscheibe sehr klar. An der Nordseite der Insel erblickten wir, wohin wir uns auch wendeten, bloss Eis. Die Nacht war sehr ruhig und sternhell. — Am *2.* brachte Nordost zwar klares, doch sehr kaltes Wetter mit zu unserer nicht geringen Genugthuung mondheller Nacht. Wir fanden, dass die Bären sehr scheu geworden waren, denn wir sahen selten einen. Wind und Wetter wie vorher. — Am *3.* hatten wir Ostwind, das Wetter war dasselbe, die Nacht aber etwas bewölkt mit Südost; es war nicht so kalt als früher. — Am *4.* vormittags blieb der Wind wie tags vorher;

das Eis wurde seewärts getrieben. Nachmittags drehte der Wind gegen Süden; Schneewetter, jedoch weniger kalt als vorher; die Nacht war sternhell. — Der 5. war ein trüber Tag. Der Wind wehte aus Südost, nachts aus Ost mit leichtem Schneefall; die Kälte hatte aber etwas nachgelassen. — Am 6. blies der gleiche Wind, das Wetter war ruhig und bewölkt; der Wind wechselte nach Südwest und brachte eine sehr klare Mondnacht. — Am 7. blies es steif aus Ost, das Wetter war trübe. — Am 8. hatten wir einen sehr ruhigen Tag mit Wind aus Süd. Das Eis war ausser Sichtweite seewärts getrieben; es folgte eine klare Mondnacht. — Am 9. schneite es bei Nordwind so heftig, dass wir nicht ins Freie gehen konnten; so dauerte es die ganze Nacht. Der Wind gieng nach Süd. — Der 10. war ein schöner, milder Tag, obgleich der Wind aus Nord kam. Während der Nacht, die dunkel und stürmisch war, drehte der Wind nach Südwest. — Am 11. war der Himmel bewölkt, der Wind wehte aus Süd und wechselte nachts nach Ost mit erträglich gutem Wetter. — Am 12. hatten wir denselben Wind mit leichtem Schneefall; die Nacht war dunkel, jedoch in Anbetracht des Klimas und der Jahreszeit nicht ungewöhnlich kalt. — Am 13. kam der Wind bei schneeigem aber ruhigem Wetter aus derselben Richtung. Die Nacht war mondhell. — Am 14. hatten wir den gleichen Wind und einen klaren Tag; nachts aber thaute es und wurde sehr stürmisch. — Am 15. blies es noch immer aus Ost, und der Schnee lag so hoch, dass wir, wenn wir die Hütten verliessen, bis an die Hüften einsanken. — Derselbe Wind hielt auch am 16. an; das Wetter war recht mild, aber trübe. An diesem Tage sichteten wir zwei Stück Federwild, welche uns ihrer Grösse nach Wildgänse zu sein schienen, doch waren sie so scheu, dass wir sie nie in Schussbereich bekamen; auch einen Falken sahen wir, konnten ihm jedoch ebenfalls nicht nahe genug kommen, um ihn zu schiessen. — Am 17. blies der Wind noch immer aus Ost und brachte viel Schnee. Des Nachts konnte man zeitweise die Sterne sehen. — Am 18. hielt sich der gleiche Wind bei bewölktem aber mildem Wetter. — Am 19. hatten wir noch immer Ostwind. Da ein schöner Tag war, stiegen wir über den kleinen Hügel zum «Rothen Hügel», sahen jedoch nichts, was der Beobachtung wert gewesen wäre, bloss einiges Eis. Das Wetter war wie vorher. — Am 20. dauerten Wind und Wetter mit geringer Veränderung an und es war leidlich mild. — Am 21. gieng der Wind nach Nordost mit sehr klarem Wetter, was uns veranlasste, abermals, wenngleich mit einiger Mühe, den Hügel zu ersteigen; doch sahen wir nichts Bemerkenswertes. Die Nacht war schön und ruhig, später aber frostig mit etwas Schneefall. — Am 22. herrschte Nordost mit starkem Schneefall, die Nacht war dunkel und frostig. — Am 23. blies derselbe Wind, das Wetter war sehr kalt und brachte eine Menge Eis in die Bucht; die See jedoch war, so weit als wir sehen konnten, offen. Es folgte eine dunkle, frostige Nacht. — Am 24. verursachte ein Ostwind sehr heftigen Frost; der Tag war bewölkt, die Nacht klar mit Nordwind, welcher auch am 25. bei bewölktem Himmel anhielt. Als es nachmittags im Westen ruhig wurde, sahen wir die Sonne wieder das erstemal von unseren Hütten aus und fanden, dass sie in Südwest zu West untergieng. Die Nacht war sehr dunkel. — Am 27. war sehr windstilles und mildes Wetter, nachts hatten wir Südwind, welcher uns Thauwetter brachte. — Am *28.* hielten Südwind und klares Wetter an; das Eis war aus der Bucht in die See, jedoch nicht ausser Sicht getrieben worden. Die Nacht war sehr finster, der Wind kam aus Südwest. *Am 1. März* blieben Wind und Wetter dieselben, mit etwas Sonnenschein am Vormittage; später jedoch wurde es regnerisch. Die Sonnenstrahlen sahen wir im Südwest von unseren Hütten. Die Nacht war sehr finster mit Südwestwind. — Am *2.* blies starker West, das Wetter war klar und kalt, während der Nacht jedoch finster und frostig, mit sehr steifem Wind aus Nordost. — Am *3.* hielten Wind und Wetter mit geringer Abwechslung an. Ein heftiger Nord trieb das Eis jedoch in kleinen Stücken in die Bucht. — Am *4.* drehte der Wind nach Nordost; bewölktes aber ruhiges Wetter; die Kälte war erträglich. — Der *5.* war bewölkt, der Wind aus Nordost; nachts dasselbe. — Am *6.* blieben Wind und Wetter wie tags vorher. Die Nacht war sehr ruhig und angenehm, doch konnten wir wegen des Schnees nicht aus unseren Hütten. — Der *7.* war bewölkt, jedoch ruhig; die Nacht stürmisch aus Nordost. — Am *8.* wehte es weiter aus Nordost bei dunklem und trübem Wetter; die Nacht war jedoch sternhell. — Am *9.* wehte es noch immer aus derselben Richtung; sowohl während des Tages als auch während der Nacht war es bewölkt bei starkem Froste. — Am *10.* fror es sehr stark, der Wind kam aus Nordost bei ausserordentlich kaltem Wetter. Die Nacht war sehr klar und frostig. — Am *11.* wechselte das Wetter plötzlich und es gab einen ruhigen, angenehmen, sonnigen Tag. Des Nachts brachte uns der Südwind so liebliches Wetter, dass wir uns ausserordentlich daran erfreuten. — Am *12.* herrschte derselbe Wind und das Eis wurde aus der Bucht seewärts ausser Sicht getrieben. Die Nacht war dunkel, doch nicht sehr kalt, der Wind aus Südost. — Der *13.* war ein bewölkter Tag; nachts blieben Wind und Wetter wie früher; es war sehr finster, aber mässig kalt, der Wind blies aus Nordost. — Am *14.* wehte es Tag und Nacht sehr kalt aus Nordost. — Am *15.* drehte der Wind nach Süd und brachte milderes Wetter. Wir bemerkten (was schon lange nicht geschehen war) einen Bären in der Nähe unserer Hütten und schossen so erfolgreich auf ihn, dass er auf dem Flecke liegen blieb. Da wir schon längere Zeit bloss von Salzfleisch gelebt hatten, waren wir sehr erfreut, hiemit einen Vorrath an frischem Fleisch gewonnen zu haben, zogen ihm daher sogleich die Haut ab, welche wir an die Luft zum Trocknen hängten, und machten uns über einen Theil des Fleisches her; den Rest salzten wir ein, jedoch nur wenig, da wir bereits ausserordentlich mit Scorbut behaftet waren. Die Nacht war dunkel, der Wind aus Südwest. — Am *16.* hielt derselbe Wind an, das Wetter jedoch war sehr kalt. Wir stellten einige Fuchsfallen aus. Nachts drehte der Wind nach Nord, welcher auch am *17.* bei bewölktem Wetter anhielt und die Bucht mit Eis füllte. Nachts wehte derselbe Wind und hielt auch am *18.* an, einem bewölkten und frostigen Tage, dem eine sternhelle Nacht folgte. — Der *20.* war ein ruhiger, sonniger Tag. Wir bestiegen den Hügel, erblickten jedoch, soweit wir sehen konnten, nichts als Eis. Die Nacht war bewölkt, der Wind aus Süd, der auch am *21.* mit düsterem Regenwetter anhielt. Alles Eis war wieder seewärts getrieben, die Nacht bewölkt, der Wind noch immer aus Süd. — Am 22. drehte der Wind nach Südost und brachte dichte Wolken. Der Mangel an Erfrischungen machte uns sehr muthlos, da wir in solchem Grade von Scorbut geplagt waren, dass uns die Beine kaum tragen konnten. Die Nacht war bewölkt, der Wind wie früher. — Der 24. war ein recht angenehmer, sonniger Tag. Nachmittags drehte der Wind nach Südost und brachte einige Schneewolken; die Nacht war sehr finster. — Der 25. war vom Morgen bis zum Abend ein sonniger, ruhiger Tag. Abends brachte Südwind einige Wolken; die Nacht aber war wieder klar und ruhig. — Am 26. wurde das Eis durch die See wieder in die Bucht gedrängt. Der Tag war sehr hell, der Wind aus Südost zu Süd, die Nacht sehr klar. — Am 27. hielt derselbe Wind bei schönem und klarem Wetter Tag und Nacht an. — Der 28. war ein bewölkter Tag, der Wind aus Südost. Das Eis war so weit seewärts getrieben, dass wir es kaum sehen konnten. Am selben Tage erblickten wir einen Walfisch, ein ungeheures Thier, in der Bucht, konnten ihm aber nicht beikommen. An diesem Tage giengen wir über den kleinen Hügel zum «Rothen Hügel» und erspähten von dort fünf Walfische nahe dem Ufer, und gegen Abend noch weitere vier in der Bucht, so dass wir im ganzen zehn an diesem Tage gesehen hatten. Wären wir unser genug und mit den dazu nöthigen Geräthen versehen gewesen, so hätten wir davon so viel fangen können, um eine beträchtliche Flotte damit zu laden, ohne dass dieselbe es nöthig gehabt hätte, nach ihrer Ankunft, wie dies gewöhnlich geschehen muss, auf Ladung zu warten. Nachts Wind und Wetter wie früher. — Der 29. brachte südlichen Wind und bewölkten, aber sehr milden Tag. Unzählige Wale erschienen in der Nähe der Küste, so dass, wenn mehr Arbeitskräfte und Werkzeuge zur Verfügung gewesen wären, wir einen recht ausgiebigen Fang hätten thun können. Unter den gegebenen Verhältnissen, und da wir nur sieben von Scorbut geschwächte Leute waren, konnten wir dieses jedoch nicht versuchen. Während der Nacht waren Wind und Wetter wie vorher, desgleichen auch am 30. An diesem sowie fast an jedem folgenden Tage sahen wir eine Menge Fische. Die Nacht war sehr finster, der Wind wie früher. — Am 31. blies frischer Nordost mit leichtem Schneefall. Wir sahen wieder vier oder fünf Walfische, welche dem Ufer so nahe kamen, dass es aussah, als ob sie auf dem Sande gestrandet wären; wenn dies aber auch der Fall gewesen wäre, so hätten wir doch nicht die Kraft gehabt, sie zu fangen. Wir sahen auch eine Bärin mit drei Jungen von der Grösse kleiner Schafe und thaten unser möglichstes, um sie zu erlegen. Leider traf unser erster Schuss nicht, infolge dessen sie zu unserem Leidwesen flüchteten. Es war ein ergötzlicher Anblick, die Kleinen zu sehen, wie sie der Alten folgten. Nachts waren Wind und Wetter wie vorher.

Der 1. April war ein bewölkter Tag, der Wind aus Ost. Wir sahen wieder vier oder fünf Wale an der Einfahrt der Bucht, hatten jedoch bloss das Vergnügen, ihnen nachzusehen. Die Nacht war sternhell, der Wind aus Süd. — Am 2. hatten wir Schnee mit Wind aus Südost, jedoch keine besondere Kälte. Die Nacht war dunkel, der Wind wie zuvor. — Am 3. drehte der Wind nach West und wir hatten einen bewölkten Tag. Um diese Zeit waren von uns nur mehr zwei gesund, die andern waren sehr krank und durch Scorbut hinfällig. Wir tödteten auf ihre Bitte die beiden letzten Hühner, welche uns übrig geblieben waren, in der Hoffnung, dadurch ihre verfallenen Kräfte wieder zu heben. Die Mahlzeit that ihnen sehr wohl, und wir waren recht betrübt, nicht noch ein Dutzend Hühner für sie zur Verfügung zu haben. Wind und Wetter blieben bei Tag und Nacht unverändert. — Der *4.* war bei westlicher Brise ein sonniger Tag. — Am *5.* sahen wir zwei sehr grosse Walfische in der Bucht; die Nacht war dunkel, der Wind aus Südost. — Am *6.* hatten wir klares Wetter, aber eine dunkle Nacht, Wind aus Nordost. Wir sahen weitere vier oder fünf Wale in der Bucht; nachts blieben Wind und Wetter wie zuvor, hielten auch am *8.* bei kaltem, sonnigem Wetter an. Wir sahen sowohl in See als in der Bucht unzählig viel Walfische. Nachts Wind und Wetter gleich und so auch am *9.*, an welchem Tage wir wieder eine Menge Wale erblickten; die Nacht war kalt und frostig, der Wind aus Nord. — Am *10.* der gleiche Wind mit sehr klarem Wetter; die Bucht war voll Eis, und wir sahen einige Wale. Nachts Wind und Wetter wie früher. — Am *11.* waren weder Fische noch Bären zu sehen. Von den letzteren bekamen wir schon einige Tage hindurch keine zu Gesicht. Sehr kaltes Wetter dauerte an; nachts Wind wie vorher. — Am *12.* drehte der Wind nach Nordost und brachte einen sehr klaren, frostigen Tag. Nachts blieben Wind und Wetter wie früher, ebenso auch am *13.* Die Bucht war voll Eis, die Nacht sehr kalt und dunkel. — Am *14.* der gleiche Wind und Sonnenschein; nachts drehte der Wind nach Süd und trieb das Eis ein gutes Stück seewärts aus der Bucht. — Der *15.* war ein stiller, milder Tag; wir sahen vier Walfische in der Bucht, obgleich wir nicht so häufig als früher ausgehen, seit unser Schreiber sehr erkrankt ist. Den grössten Theil der Nacht wehte die Brise aus West. — Am *16.*, dem Ostertag, starb unser Schreiber; der Herr erbarme sich seiner Seele und unser aller, da wir sehr krank sind. Der Wind kam aus West; der Tag war klar, die Nacht dunkel. — Am *17.* hatten wir die gleiche Brise wie tags vorher, aber es war sehr bewölkt und die Bucht wieder voll Eis. Den grössten Theil der Nacht blieben Wind und Wetter wie zuvor. — Am *19.* Wind und Wetter wie tags vorher. Da wir nun nicht die geringsten Erfrischungen mehr übrig haben, so wird es mit uns von Tag zu Tag schlimmer, und dies ohne jede Hoffnung auf Genesung, sowohl weil es uns an dem Nothwendigsten mangelt, als auch wegen der furchtbaren Kälte. Da wir uns, so lange wir gesund waren, durch Leibesübungen kaum leidlich warm erhalten konnten, so bleibt uns jetzt, wo wir dies nicht mehr thun können, weil wir krank und ausserstande sind, unsere Kojen zu verlassen, nur wenig Hoffnung. Alles hängt von Gottes Erbarmen ab. Wind und Wetter wie vorher. — Der *20.* war ein bewölkter Tag, Wind aus Süd. Wir sahen das Eis eine grosse Strecke nordwärts nach See getrieben. Die Nacht war schneeig mit östlichem Winde. — Der *21.* war ein heller, ruhiger, sonniger Tag, doch konnten wir nur oberflächliche Beobachtungen machen, da wir wegen des Scorbuts, der von Tag zu Tag zunahm, unsere Hütten nicht mehr verlassen konnten. Die Nacht war bewölkt, der Wind aus Nordost, welcher auch am *22.* anhielt. Das Eis war so nahe an den Strand gedrängt, dass wir kaum Wasser sehen konnten. Nachts trug der Südwind das Eis wieder ganz ausser Sicht. — Am *23.* blies derselbe Wind mit leichtem Regen. Wir waren um diese Zeit zu einem bejammernswerten Zustande herabgekommen, da ausser mir keiner von uns allen sich selbst, geschweige denn einem andern helfen konnte, so dass die ganze Bürde auf meinen Schultern lag; ich erfülle meine Pflicht, so gut ich kann und so lange es Gott gefällt, mir Kraft zu verleihen. Ich gehe jetzt, unserem Commandanten auf seine Bitte aus der Koje zu helfen, weil er, eben mit dem Tode ringend, durch diesen Wechsel seine Pein zu erleichtern hofft. Die Nacht war dunkel und der Wind wie zuvor. — Am *24.* waren Tag und Nacht bewölkt, der Wind aus Süd, der auch am *25.* mit etwas Sonnenschein anhielt. An der Nordseite erstreckte sich das Eis vom Strande beiläufig eine halbe Meile seewärts, an der Südseite derselben Bucht war jedoch kein Eis zu sehen. Wir sahen wieder viele Walfische. Die Nacht war dunkel mit steifem Nordwest. Das Eis drängte näher zum Ufer, doch blieb noch immer ein guter Streifen Wasser zwischen Land und Eis. Wind und Wetter wie zuvor. — Der *26.* war ein ruhiger aber bewölkter Tag, die Nacht schön, der Wind aus West. — Am *27.* war Thauwetter; an diesem Tage tödteten wir unseren Hund aus Mangel an frischen Lebensmitteln. Die Nacht war bewölkt, doch ohne Regen, der Wind aus Ost, der auch am *28.* mit bewölktem Wetter anhielt. Das Eis wurde während dieses Tages nach See ausser Sicht getragen; die Nacht war bewölkt mit steifem Nordwinde. — Am *29.* Wind und Wetter wie zuvor, doch setzte der Wind nachts steif aus Nordost ein. — Der *30.* war ein klarer, sonniger Tag mit demselben Winde. (Sterbe)

Bemerkung. Dieses Wort «Sterbe» war das letzte, welches er zweifelsohne niederschrieb, als er vielleicht wie gewöhnlich die Nachtbeobachtung beizufügen die Absicht hatte. Dieser Mann hatte nach Aussage anderer von den übrigen Sechs schreiben gelernt. Er schrieb so lange er konnte, d. i. bis Letzten des April, als er, vielleicht übermannt von einem Anfall von Schwäche, gezwungen wurde, sich in seine Koje zurückzuziehen, wo er seine Seele dem Schöpfer überantwortete.

Schlussworte des holländischen Originales.

Von allen Schiffen, welche im Jahre 1634 von Holland nach Grönland gesendet wurden, waren jene aus Seeland die ersten, welche in die Nähe der Insel St. Maurice kamen. Einige Matrosen, begierig zu erfahren, was aus ihren Kameraden geworden sei, giengen mit einem Boote an Land und wetteiferten, wer zuerst die Hütten der Ueberwinternden erreichen werde, obwohl sie nichts Gutes ahnten, weil letztere nicht am Ufer erschienen waren. Die Matrosen hatten kaum die Hütte betreten, als sie auch ihre trüben Vermuthungen schon bestätigt fanden: jeder der armen Teufel, welche im verflossenen Jahre zurückgelassen worden waren, lag todt in seiner Koje. Diese Nachricht wurde dem Commandanten sogleich überbracht.

Der erste der sieben Unglücklichen, welcher am 16. April 1634 starb, war von seinen Genossen in einen Sarg gethan und in einer der Hütten aufbewahrt worden. Die übrigen sechs starben anfangs Mai, was aus dem Ende des Tagebuches zu schliessen ist.

Die oben genannten Schiffe aus Seeland ankerten in der Bucht der Insel St. Maurice am 4. Juni 1634 und fanden, wie gesagt, die todten Körper. Neben einem derselben stand Brot und Käse, von denen er sich vielleicht bis kurz vor seinem Tode genährt hatte; neben der Koje eines anderen stand eine Büchse mit Salbe, mit welch' letzterer er sich Zähne und Gelenke gerieben haben mochte, da sein Arm noch immer gegen den Mund gebogen war; auch ein Gebetbuch lag neben ihm, aus welchem er gelesen hatte. Die übrigen wurden jeder in seiner Koje gefunden.

Erwägen wir die Lage dieser Unglücklichen, so finden wir, dass dieselbe sehr elend gewesen sein muss, besonders nachdem alle krank geworden waren und keiner den andern zu unterstützen vermochte. Hauptsächlich denjenigen, welcher alle überlebte, von den anderen schreiben gelernt hatte und seiner Aussage nach schliesslich alle pflegte, traf es recht hart. Seine Aufzeichnungen endeten wohl, wie wir vermuthen, einige Tage vor seinem Tode. Es ist wahrscheinlich, dass einige früher, einige später infolge der ausserordentlichen Kälte erstarrten, je nachdem sie mehr oder weniger natürliche Wärme hatten; sicher ist aber, dass die eigentliche Ursache ihres Verfalls der durch die salzige Nahrung ohne jede andere Erfrischung erzeugte Scorbut war. Die Folge desselben, der Krampf in den Gliedern, verhinderte sie Bewegung zu machen, und so wurden sie rasch steif und von der Kälte übermannt. Ohne den Scorbut hätten sie die Kälte, die ja nicht so ausserordentlich war, sicher nicht zu fürchten gehabt, denn jeden dritten oder vierten Tag wären sie im Stande gewesen, ins Freie zu gehen, sobald der gefallene Schnee etwas fest geworden war.

Unser Commodore gab sogleich, nachdem er die grässliche Nachricht durch die Seeleute, die an Land gewesen waren, erhalten hatte, den Befehl, die sechs Leichen in Särge zu legen und sammt dem siebenten Sarge so lange unter den Schnee zu vergraben, bis der Boden weich genug war, um ein Grab herzustellen. Später, nämlich am Tage St. Johannes, wurden sie mit allen Ehren unter dem Geschützfeuer der ganzen Flotte begraben.

Anlage III.

INVENTAR

der

österreichischen arktischen Beobachtungsstation

auf Jan Mayen 1882 bis 1883.

Vorbemerkung.

Da sich im Nachlasse Weyprecht's kein Inventar für die ins Werk zu setzende Expedition vorfand und überhaupt erst im August 1881 die Insel Jan Mayen definitiv als österreichische Station festgesetzt wurde, trat an den Nachfolger Weyprecht's die Aufgabe heran, die Erfordernisse der Expedition den speciellen Verhältnissen einer Reise zu Schiffe bis an den Bestimmungsort und der Ueberwinterung auf einer aller Hilfsmittel baren Insel anzupassen.

Sobald die Behelfe zur Eruierung der für eine solche Expedition nothwendigen Bedürfnisse beschafft und die Bezugsquellen der Artikel bekannt waren, musste an die Fertigstellung des Inventars gegangen werden, und gleichzeitig waren auch die Bestellungen in Angriff zu nehmen. Der Modus, wie Schiffe im allgemeinen ausgerüstet werden, gibt in dieser Beziehung immerhin einige leitende Anhaltspunkte; es wurde daher das Inventar in bestimmte Abschnitte (I—XIV) getheilt, von welchen jeder eine Gruppe von Gegenständen umfasst, die fachlich mit einander im Zusammenhange stehen oder späterhin einem oder dem anderen Theilnehmer der Expedition zur Verwendung, beziehungsweise Verwaltung, zugewiesen werden.

Die Nummernbezeichnung wurde derart durchgeführt, dass jeder Materialgruppe 100—200 Nummern reserviert wurden, so dass, als die Bestellungen (selbstverständlich ohne bestimmte Reihenfolge) erfolgten, den Lieferanten gleich bestimmte Einlieferungsnummern gegeben werden konnten, unter welchen die Gegenstände an die Leitung der Expedition abzusenden waren. Diese Einlieferungsnummern blieben auch die Nummern des Inventars. Begreiflicherweise ergaben sich hiebei Abstriche und Zusätze gegenüber dem ursprünglichen Inventarsentwurfe; dies der Grund, warum in jeder einzelnen Gruppe weder alle Nummern fortlaufend vertreten sind, noch eine ganz systematische Anreihung der Gegenstände an einander durchgeführt erscheint.

Alle jene Artikel, die in entsprechender Form und Güte im Inlande aufzufinden möglich waren, wurden auch im Inlande bestellt. Aus dem Auslande wurden nur einzelne Instrumente beschafft, für welche ihrer einheitlichen Form und Herstellungsweise wegen die Bezugsquellen international festgesetzt worden waren; ferner jene Gattungen conservierter Lebensmittel, die sich schon bei früheren Expeditionen bewährt hatten.

Eine solche Garantie war unbedingt nothwendig, um sicher zu sein, dass die Lebensmittel unter den ungünstigen Witterungsverhältnissen Jan Mayens geniessbar bleiben werden.

Infolge der Frachtspesenbefreiung, welche die Directionen der k. k. Westbahn, der Südbahn und Verbindungsbahn gewährten, sowie der Zuvorkommenheit der Organe dieser Eisenbahngesellschaften, wurde der Verbindungsbahnhof in Wien zur ersten Etappe für das Sammeln des Materiales.

Das k. k. Reichs-Kriegsministerium, beziehungsweise die k. k. Marine-Section, überliess der Expedition nicht nur einen grossen Theil der Waffen, Munition, wissenschaftlichen Apparate und chirurgischen Instrumente leihweise zur Benützung, sondern gestattete auch, dass die Stationshäuser gegen Ersatz der Kosten im k. k. Seearsenale zu Pola angefertigt und probeweise aufgestellt werden durften, wodurch das Seearsenal gewissermassen zum Lagerplatze des Materiales wurde.

Nur die Unterstützung und Zuvorkommenheit des k. k. Seearsenals-Commandos, der Arsenals-Directoren, des hydrographischen Amtes, ja aller jener Marine-Angehörigen, deren Hilfeleistung oder Rath in irgend einer Weise in Anspruch genommen wurde, machten es möglich, die Expedition binnen einer sehr kurzen Zeit vollständig auszurüsten, so dass dieselbe rechtzeitig in Jan Mayen anlangen kann.

Fortl. Nr.	Gegenstand	Zahl	Fortl. Nr.	Gegenstand	Zahl
	I. Instrumente und Zugehöriges.		44	Taster aus Holz	4
			45	Entlader mit Metallkugel	1
			46	Auffangstange nebst Saugspitze	1
1	Passage-Instrument	1	47	Isolationsknöpfe	100
2	Theodolit, astronomischer	1	48	Isolations-Glasglocke	1
3	Fernrohr mit Stativ	1	49	Normal-Quecksilberthermometer	2
4	Reflexions-Instrument (10″)	1			
5	Sextanten	3	50	Reserve - Quecksilberthermometer	4
6	Büchsenchronometer (1 Sternzeit, 3 mittl. Zeit)	4	51	Normal - Alkoholthermometer	2
7	Halbchronometer (worunter 1 Deckchronometer)	3	52	Reserve - Alkoholthermometer	4
8	Horizont, künstlicher	2			
9	Uhr, elektrische, Normal-, Danischevsky	1	53	Maxima- und Minima-Thermometer	6
10	Uhr, elektrische, Marcus	1	54	Psychrometer-Thermometer	4
11	Spectralapparat	1	55	Haarhygrometer Saussure	1
12	Diaphragmascalen hiezu	diverse	56	Insolations-Thermometer	3
13	Meteoroskop	1	57	Radiationsminima- u. Boden - Thermometer	1 / 9
14	Variationsapparate, 1. Satz	3			
15	dto. 2. Satz	3	58	Wage-Evaporometer Wild, 200 □ %ₘ Schalen	1
16	Ersatzscalen hiezu	6			
17	Messtangen zur Spiegel-Fernrohr-Distanzbestimmung	2	59	Eiswürfel-Aufhängungen	2
			60	Seïsmometer	2
19	Magnetischer Theodolit (Schneider)	1	61	Normalbarometer Fuess	1
			62	Heberbarometer Kapeller	1
20	Inclinatorium	1	63	Barometer Lenoir (Fortin)	1
21	Azimuthal-Compass, kleine	2	64	dto. Kapeller Nr. 1329	1
22	Inclinatorium, kleines	1	65	Barometer, Aneroïde von Naudet, grosse	3
23	Streichmagnete	2			
24	Beruhigungs-Solenoïd	1	67	Anemometer Hagemann	1
25	Rechen zum Aufhängen der Fadenrohre	3	68	dto. Robinson	1
			69	dto. dto. Handapparat	1
26	Apparat zum gleichzeitigen Ablesen	1	70	Windfahne mit Tafel nach Wild	1
27	Fernrohr Wüllerstorf, Distanzmesser	1	71	Pluviometer nebst Messgläsern	2
			73	Schwerloth mit Leine	1
28	Libellen	diverse	74	Handloth » »	1
29	Elektroskop	1	75	Tiefseethermometer Casella	6
30	Galvanometer	1	76	Umkehrthermometer Negretti und Zambra	2
32	Bussole, Tangenten- oder Sinus-	1			
			77	Umkehrvorrichtung	2
33	Rheostat	1	78	Pinselthermometer	1
34	Inductionsrolle	1	79	Tiefsee-Schöpfapparat nach Meyer	1
35	Telegraphenapparat nebst Relais	1			
			80	Schöpfflaschen mit Verschluss	6
36	Sprengapparat Marcus	1			
37	Telephon	4	81	Aräometer sammt Bechersatz	6
38	Universalschalter	1			
39	Stöpseleinschalter	1	82	dto. zu Wasseranalysen von 1·00—1·0060	3
40	Einschaltklemmen . Satz	1			
41	Elektromagnete auf Holzplatte	1	83	Flutmesser	1
			84	Flutpegel	1
42	Elektr. Batterien, Marcus	2	85	Recognoscierungs-Apparat	1
43	dto. Glocken	4	86	Detaillierapparat, complet	1

Fortl. Nr.	Gegenstand	Zahl	Fortl. Nr.	Gegenstand	Zahl
87	Stampfer's Distanzmesser	1			
88	dto. Scheibenlatte	1		**II. Bootsmanns-Detail.**	
89	Höhenmesser, kleiner	1			
90	Goniometer	1	201	Anker für Boote und für die Häuser	2
91	Spiegel-Goniograph	1	202	Ankerdregg zum Fischen	1
92	Auftragapparat	1	203	Eisanker für Boote	2
93	Reisszeug, gross	1	204	Leine für Schleppnetz. ᵐ/	600
94	Ausstecksläbe	6	205	Schäkel hiezu	24
95	Stangensignale(alteRiemen)	30	206	Rotationspumpe s. Schläuchen	1
96	Reissbrett	1	207	Harpune mit Schnapper	2
97	Reissnägel, stähl., Schachtel	2	208	dto., kammartig	2
98	Beschwerbleie	8	209	Handspaken	6
99	Mappeurzirkel	1	210	Vorhängschlösser	6
100	Ledertäschchen	2	211	Pfeifchen aus Holz	14
101	Regen- und Sonnenschirm	1	212	Laternen mit weissem Kugelglas, eisenfrei, für Petroleum und Kerzen	6
102	Holzpflöcke	1000			
103	Kleiner Theodolit	1			
104	Radiergummi in Holzfassg.	6			
105	Lineal, Dreiecke mit Messing sammt Heft	3	215	Petroleumbehälter für 110 Liter	1
	Pikiernadeln	100			
106	Schnee- und Rauchbrillen	20	215ᵃ	Pumpe für Petroleum	1
107	Zweitheiliger Masstab für Variationsapparat	1	216	Petroleumkannen (Blech)	14
			217	Bootsschlitten	2
108	Fernrohr	1	218	Handschlitten	1
109	Feldstecher	1	219	Bockspieren	2
110	Log sammt Rolle u. Leine	1	220	Flaggenstock	1
111	Loggläser	2			
112	Patentlog	1	221	Blöcke, zweischeibig, gebüchst, gestroppt	2
113	Flaschen für {Grundproben	100		dto. dto. Messing, eisengestroppt	2
	Wasserproben}	100		dto. einscheib., Messing, eisengestroppt	2
114	Wasser-Zersetzungsapparat	1		dto. dto. gebüchst, gestroppt	2
115	Nachtglas	1			
116	Eolipilbrenner für Spiritus	1			
118	Erdplatten aus verzinktem Eisen	4	222	Kienbacksblock, grosser, eisenbeschlagen	1
119	Horizontalkreise	2		dto. kleiner	1
120	Bootscompass	1	223	Pfähle für Häuserstage	10
121	Messgläser für Seewasser	6	224	Pockholzscheiben, gebüchst	4
122	Weckeruhr	1			
123	Fadeneinziehmaschine	1	225	Augbolzen z. Einschrauben, grosse	10
124	Masstab für Variations-Instrument	1		dto. dto. kleine	20
125	Reservespiegel f. Sextanten	2	226	Reserve-Riemen, grosse, 3·7 bis 4 ᵐ/, Eschenholz	10
126	Hilfsmagnete zur Bestimmung d. Constanten d. Variations-Instrumente	2	227	Reserve-Rojnägel	10
127	Leine für Tiefseeloth sammt Rolle	1500	228	Schwabber, getheert	20
			229	Plattinge, 20 ᵐ/ lang	4
128	Coconfäden zum Magnetaufhängen ... Spulen	6	230	Schiemannsgarnstropp	4
			231	Fasstropps	2
129	Reismehl für Erdbebenmesser ... Schachtel	1	232	Stossmatten	2
			233	Reserve-Bootshaken	2
130	Messingdraht für Erdbebenmesser ... Spule	1	234	Nationalflaggen, gross, 4½ Kleider	1
131	Photograph.Apparat, compl.	1		dto. klein, 1½ Kleider	2
132	Trockenplatten dazu	250			

Fortl. Nr.	Gegenstand	Zahl	Fortl. Nr.	Gegenstand	Zahl
235	Signalspiel, internationales, 4½ Kleider	1	270	Hissvorrichtung für die Fähre	1
237	Flaggenleine. 100 ᵐ/	1	271	Bleiplatten für Bootsreparaturen .... k/g	30
238	Dochtscheren	3			
240	Schrapper	4	272	Bock für Landungssteg	1
241	Splisshörner, gestählt	2	273	Pützen u. Baljen (Bottiche)	6
242	Extincteur s. 20 Füllungen	2			
243	Kohlenschaufeln	6		**III. Segelmacher-Detail.**	
244	Reserve-Fingerlinge f. Boote	2			
245	Hundeketten	3			
246	Angelhaken, assortiert	400	301	Wachsleinwand - Tischtuch (Excelsior)	4
247	Angelschnüre .... Dtzd.	1			
248	Matrosenmesser	8	302	Bodendecke f. Wohnräume.	2
249	Wassereimer, Hanfgeflecht	12	304	Doppelte Decken, alt, brauchbar	40
250	Trichter aus Holz	1			
251	Oesfässer	5	306	Decken aus Schafwolle	30
253	Kohlensäcke	1	307	Matratzen sammt Polster	15
254	Wasserleger	4	308	Zelt für detachierte Abtheilungen	1
255	Korkbojen	2			
256	Schwimmer, kleine aus Kork	10	309	Handplatten f. Segelmacher	4
			310	Marlpfriem, klein	4
257	Körbe	4		dto. gross	1
258	Schleppnetze, dreikantig	2	311	Messingösen	100
	dto. vierkantig	2	312	Segelhaken	2
	dto. Tartane	1	314	Segelnadeln, assortiert	120
	dto. Grippa	1	315	Theerpinsel	10
259	Fischnetz	1	316	Hängematten	14
	dto. kleine	2	317	Wollhandschuhe	84
260	Steinzange	1	318	Pelzanzüge	16
261	Grundzwicker	1	319	Strümpfe ...... Paar	180
			321	Filzstiefel (Bauernloden) »	21
	Boote nebst Ausrüstung, u. zw.:		322	Wasserstiefel ..... »	30
	grosses Fangboot	2	323	Bergschuhe ..... »	15
	kleines norweg. Boot	1	325	Unterhosen, gewirkte	90
	Ausrüstung: Pütze	1	326	Leibchen, »	90
	Masten sammt Segeln	2	327	Lodenanzüge, leichte	15
	Bootsküche	1	328	dto. schwere	15
	Bootshaken	2	329	Pelzmützen, wasserdichte	15
263	Bootsriemen	10	330	Mützen	15
	Fangleinen	2	331	Shawls	18
	Regenzelt	1	332	Oelkleider	18
	Rojnägel	10	333	Drapplodenstiefel, gefütterte	15
	Ruderpinne	2	334	dto. übergrosse	6
	Leinenzelt, wasserdicht	1	335	Wollene Masken (Hauben)	15
	Seitenzelt	1	336	Fäustlinge	45
	Spindel für Loth	1	337	Seidenhandschuhe f. Beobachter ...... Paar	12
	Eisanker	2			
	Steuerriemen	2	339	Lederjacken, flanellgefütt.	7
264	Tauschlingen zum Aufholen der Boote	8	340	Bauchbinden aus Flanell	30
			341	Gamaschen, gewirkte	28
265	Sorrleinen für Boote an die Schlitten	3	342	Schlittschuhe zum Anschnallen	12
266	Doppelpartige Hahnepots	3	343	Steigeisen	15
267	Vordere Ziehtaue	3	344	Schlafsäcke	5
268	Hundegeschirre, géflochten	3	345	Kautschuk-Decken	1
269	Fähre zum Ausladen des Materiales	1	346	Privat-Effecten ..... k/g	700
			347	Schusterrequisiten, complet	1

Fortl. Nr.	Gegenstand	Zahl	Fortl. N.r	Gegenstand	Zahl
348	Schneiderrequisiten, compl.	1	440	Sägefeilen	4
349	Fussäcke für Beobachter . .	4	441	Pechkrug aus Blech	1
350	Bergstöcke	6	444	Zimmermanns-Schrauben-	
351	Seil und Gurt	2		zieher mit Griff	2
352	Tornister (Segelleinwand) .	2	445	Centrumbohrer	9
353	Feldflaschen	8	446	Drehbohrer, hölzerner, fünf	
354	Flanellhemden	90		Einsätze	1
355	Tuchsohlen . . . . . . Paar	28	447	Kleine Baumsäge, 2 Blätter	1
356	Kautschukbeutel (Eisbeutel)	6	448	Gesimshobel, 2%m	2
357	Knöpfe aus Steinnuss, Dtzd.	150	449	Werkzeugstiele	20
358	Pulswärmer	30	450	Fuchsschwanzsäge	1
359	Traggurten . . . . . . m/	10	451	Tischlersäge mit zwei Re-	
				serveblättern	1
	IV. Zimmermanns-Detail.		452	Holzmesser für Drehbank.	10
			453	Oelstein	1
401	Ventilationsrohre für Beob-				
	achtungshütten	7		**V. Proviantmeister —**	
403	Bohrer von 1/8—2"	13			
404	Deissel	2		**Koch.**	
405	Hacken, 2 kleine, 2 grosse .	4			
406	Holzhacken, gewöhnliche .	2	501	Fleischteller aus Holz . . .	2
407	Diamant zum Glasschneiden	1	502	Flüssigkeitsmass zu 1, 1/2,	
408	Drehbohrer	1		1/4, 1/8 Liter	4
409	Einsatzspitzen dazu . . Satz	1	504	Küchenmesser	1
410	Feilen, assortiert	20	505	Fasspippen, hölzerne . . .	2
411	Setzhammer	1	506	Fleischhauermesser	1
412	Hammer aus Gusstahl. . .	2	507	Trichter	2
413	Tischlerhammer	2	508	Hand-Schnellwage mit Ge-	
414	Hobelbank	1		wichten	1
415	Spalt- und Treibkeile . . .	2	510	Kochkessel für Herd	3
416	Mocker	1	511	Bratpfannen	2
417	Schlichthobel sammt Ein-		512	Casserole, gross und klein	5
	sätzen	2	513	Kochtöpfe (Dampf-)	3
418	Schropphobel sammt Ein-		514	Bratrost mit Gitter	1
	sätzen	2	515	Bratspiess	1
419	Leimpfanne	1	516	Kaffeemaschine	2
420	Meissel	4	517	Chocoladekocher	2
421	Reisskreuz	1	518	Haken zum Fleischauf-	
422	Schnitzmesser	1		hängen	6
423	Zangen	2	519	Mörser sammt Stössel aus	
424	Stemmeisen	6		Bronze	1
425	Spundbohrer mit zwei Ein-		520	Reibeisen	1
	sätzen	1	521	Schaumlöffel	2
426	Bodenfalzhobel	1	522	Suppensiebe	2
427	Stossbankhobel	1	523	Fleischgabel	2
428	Reifmesser	1	524	Schöpfer, blecherner	1
429	Kalfatereisen	4	525	Puddingform	1
430	Klammern	38	526	Kaffeemühle	1
431	Kalfaterhammer	2	527	Pfeffer- u. Salzbüchse (Holz)	4
432	Pechkessel	1	528	Messer zum Oeffnen der	
433	Lampen-Hängehaken	6		Conservebüchsen	2
434	Bandmass, Masschnur, 20 m/		529	Feuerschaufel	1
	lang	1	530	Feuerzangen und -haken .	1
435	Werkzeughefte	40	531	Herd-Einsatzringe	compl.
436	Baumsäge, vierhändig, zwei		532	Rosteinsatz	1
	Reserveblätter	1	533	Schutzplatte	1
437	Zimmermannsbeil	1	534	Alkoholometer	2

Fortl. Nr.	Gegenstand	Zahl	Fortl. Nr.	Gegenstand	Zahl
535	Gummischlauch für Wasserreservoir	1	653	Erbsen, gelbe ...... k/g	60
			655	dto. grüne ...... »	33
537	Thrankessel	1	656	dto. getrocknete ... »	40
538	Schläuche à 0·5 %m und		657	Essig, Wein- ...... ɤ	98
	à 1%m Weite .... m/	15	658	dto. Himbeer- .... »	10
539	Töpfergeschirre	3	659	Erhaltungspulver, Oppermann .... k/g	5
540	Hackbrett	1			
541	Hackstock	1	661	Fleischpulver ...... »	50
542	Waidling, emaill. Eisenblech, 10 Liter	1	662	Fenchel-Brotgewürz .. »	3
			663	Mehlspeise für Suppen »	80
543	Schöpflöffel	2	664	Fleischextract ...... »	22
544	Mehlsieb, hölzernes	1	666	Früchte, getrocknet (auch specialis. aufgeführt) k/g	250
	VI. Nahrungs- und Genussmittel.		667	Früchte-Conserven (wie früher) ...... Gläser	90
			668	Fleischgewürz I. .... k/g	1·8
			669	dto. II .... »	1·4
601	Aepfel, getrocknet ... k/g	10	670	Fische: Anchovis .... »	50
602	dto. in 10 Gläsern .. »	4	671	Häringe .... »	50
606	Backpulver ..... Dosen	6	672	Sardellen	2000
608	Bohnen, braune .... k/g	40	673	Stockfische .... k/g	20
609	dto. deutsche ..... »	100	674	Sardinen .. ganze Dosen	50
610	dto. Schnitt- ... Dosen	50	675	Fruchtextract für Bowlen k/g	0·2
611	Butter .... k/g	546	677	Gurken, Salz- ...... »	40
612	Brot (Gesammterfordern.) »	7840	678	dto. Essig- ...... »	100
613	Birnen .... Gläser	20	680	Gewürznelken ...... »	0·25
614	dto. getrocknet .... k/g	10	681	Gulasch in Dosen ... »	280
615	Bickbeeren in 10 Gläsern »	4	682	Gries .... »	75
616	Beef, corned ...... »	440	683	Gerstengraupen ..... »	42
617	dto. boiled ...... »	720	684	Gemüse, frisches	diverse
618	dto. austral ..... »	440	685	Gewürzconserv.: Zwiebel k/g	1·4
620	Braten in Dosen, Kalbs- »	120	686	Pfeffer .... »	2
621	Schweine- .... »	280	687	Majoran .... »	0·5
622	Carbonade .... »	120	688	Kümmel .... »	0·8
623	Beefsteak .... »	120	689	Lorbeerblätter .... »	0·4
624	Roastbeef .... »	120	692	Gulaschgewürz ..... »	1
628	Capern, 1 Fässchen... »	4	693	Hausenblase-Gelatine . »	0·5
629	Cigarren	2200	694	Hummer ...... Dosen	10
630	Cigarretten (sieh Tabak).		695	Hühner, gebraten, in 50 Dos. à 500 g/ .... k/g	25
631	Cigarrettenpapier, Bücher à 500 Blatt	200	696	dto. dto. à 1800 g/ . »	90
632	Cacao .... k/g	110	697	Ingwergewürz ...... »	0·5
633	Citronen	diverse	699	Campirungs-Proviant, 6 Kisten ... Rationen	560
634	Curry, 10 Gläser .... k/g	3			
635	Chocolade in Tafeln .. »	81	700	Käse, Parmesan- .... k/g	10
636	dto. roh zu geniessen »	26	701	dto. Holländer Kugel- »	20
637	Cakes .... »	50	702	dto. Emmenthaler- »	440
638	Cracks (Schiffszwieb.) Dos.	8	704	Kartoffeln in Dosen .. »	100
639	Corinthen .... k/g	10	705	dto. frische .... Säcke	6
640	Champignon, getrocknet »	5	707	Kaffee, gebrannt u. gem. k/g	74
642	Cognac ...... Flaschen	50	708	dto. ungebrannt ... »	150
643	Cardamon .... k/g	0·15	709	Kohl, Gemüseportionen »	700
646	Engl. Kräutersuppe, Ration.	700	710	dto. in Tafeln, 100 Stück à 100 g/	10
647	Einbrennsuppe ... »	700			
648	Erbsensuppe .... »	1400	711	Kirschen ...... Gläser	20
650	Eier, Hühner-	1000	712	Kümmelgewürz ..... k/g	4
651	dto. in Pulverform.. k/g	10	713	Knoblauch	diverse

Fortl. Nr.	Gegenstand	Zahl	Fortl. Nr.	Gegenstand	Zahl
714	Kren	diverse	815	Wein, künstl., weiss .. ⎫	
717	Lorbeerblätter ...... k/g	1	816	dto. dto. roth .... ⎬ ℓ	2500
718	Linsen .... »	100	817	dto. natürlicher, weiss, ⎭	
719	Limon juice, Flaschen ℓ	200		Lissa .... ℓ	1000
720	Liqueuressenzen	diverse	818	dto. Sherry.. Flaschen	100
726	Mouton .... k/g	440	820	dto. 50 Flaschen Port-,	
727	Mehl, Roggen- ..... »	1400		50 Bordeaux, zusammen	100
728	dto. Weizen-, feines . »	300	822	Würste, Salami- ⎫	
729	dto. Weizen-, nur zum		823	dto. Zungen- ⎪	
	Backen .... »	1700	824	dto. Leber- ⎬ assort. k/g	70
730	dto. Mais- .... »	280	825	dto. Fleisch- ⎭	
731	Macaroni (Bigoli) {fein . » {ordin. »	75 100	826 827	dto. Mett- Wacholder .... k/g	1
734	Mixed Pikles .... Gläser	50	828	Wildpret-Gewürzsalz Nr. 2 »	10
735	Mandeln .... k/g	5	834	Zucker .... »	600
736	Malzextract ...... Kiste	1	835	Zungen, Ochsen-, geräuch. »	70
737	Milch, condensiert ... k/g	300	837	Zwiebel .... Gläser	10
738	Molterbeeren .... Dosen	200	838	dto. rohe ..... Säcke	6
739	Meerrettig .... k/g	20	839	Zwieback, ordinär ... k/g	2500
741	Majoran .... »	1	840	Zwetschken .... »	200
742	Maismehl zu Hundefutter »	1000	841	Zwieback, fein ..... »	2500
748	Oliven-Speiseöl . Flaschen	50	842	Samen, Petersilie .... »	2
749	Oliven .... Gläser	10	843	dto. Sellerie ..... »	2
754	Phloxessenz... Flaschen	48	845	dto. Brunnenkresse . »	10
755	Paprika .... k/g	4	846	Zwiebel, getrocknet .. »	20
756	Paprikaspeck ...... »	280	847	Zimmt .... »	1
757	Pflaumen .... Gläser	10			
758	Pignolen .... k/g	4		**VII. Einrichtungs-**	
759	Paradeis, eingesotten.. »	140		**Gegenstände.**	
760	Pressgerm .... »	0·2	901	Bestecke	18
761	Preisselbeeren ..... »	20	902	Löffel, kleine	18
762	Petersilie, getrocknet .. »	5	903	dto. aus Holz	18
763	Pfeffer .... »	7	904	Milchkanne	2
764	Piment .... »	0·5	905	Kaffeekanne	2
766	Reis .... »	700	907	Theekanne f. Petroleumofen	2
767	Rum .... ℓ	300	908	Leuchter	4
768	Rosinen .... k/g	20	909	Korkzieher	4
770	Rauchfleisch, Hamburger »	880	910	Suppenlöffel	2
774	Sauerkraut .... »	513	911	Gläser	18
776	Senfmehl .... »	5	912	Becher, blecherne	18
778	Speck, geräuchert.... »	50	913	Holzteller	16
779	Schinken (Westfäler) .. »	280	914	Salzgefässe	2
781	Salz (Gesammterfordernis) »	550	915	Tranchierbesteck	1
785	Senf, englischer... Dosen	20	917	Theebretter, Rollbretter ..	2
786	dto. französischer, Dosen	40	918	Surtout	1
789	Saucen, pikante ... Gläser	30	920	Petroleumofen mit 6 Einsätzen	1
791	Schweineschmalz .... k/g	200			
792	Schweinefleisch, gesalzen »	280	921	Messerstahl	1
793	Spargel .... Gläser	20	922	Schüsseln aus Blech....	8
794	Sellerie .... »	20	923	Suppenschüsseln	3
795	Schwefelpräparate zum Desinficieren	diverse	924	Suppenteller, Steingut ...	18
			925	Blechteller	16
796	Saucischen .... k/g	50	926	Flache Teller	36
800	Tabak .... »	200	927	Schnapsgläser ohne Stiel ..	24
802	Thee, Cajüten- ..... »	30	928	Kojen mit Holzfedermatratzen	9
803	dto. Nr. 2 .... »	30			

Fortl. Nr.	Gegenstand	Zahl	Fortl. Nr.	Gegenstand	Zahl
929	Wasserkrüge aus Blech . .	4		**VIII. Bibliothek und Unterhaltung.**	
930	Blechwaschbecken	4			
931	Nachttöpfe aus Blech . . .	2			
932	Chronometerkasten	1			
933	Tische, grosse	4			
934	Aufschlagetische	2	1000	Weyprecht's Publicationen.	
935	Klapptisch für Wohnhaus .	1	1001	Ephemeriden 1882, 1883, 1884 je	1
936	Waschgestell für 2 Waschbecken	2	1002	Nautical - Almanac 1882, 1883, 1884 je.	1
937	Büchergestell und Kiste . .	1	1003	Leuchtfeuer-Verzeichnis . .	1
938	Kasten als Speise- und Geschirrschrank	2	1004	Segelhandbuch des nordatlantischen Oceans . . .	1
939	Spiegel	2	1005	Seekarten des nordatlantischen Oceans . . Satz	1
940	Oefen, Meidinger, m. Röhren und Rauchfang	2	1006	Wind- u. Stromkarten, Satz	1
942	Herd s. Wasserreservoir . .	1	1007	Signalbuch, international .	1
943	Theeschalen	9	1008	Schiffstagebücher, monatl. für See	6
944	Badewanne	1			
945	Schleifstein	1			
946	Tischtücher	6	1009	Leierkasten	1
947	Besen	20	1110	Spielkarten, Whist- u. Tarok-	44
948	Servietten	24	1111	Domino und Schach	3
949	Handtücher, feine	36	1112	Zither	1
950	dto. grobe	48	1113	Lesebücher für Mannschaft	20
951	Abwischfetzen	100	1114	Psychrometertafeln Wild. .	2
952	Kohlenschaufel für Ofen. .	1	1115	Druckmuster von Prof. Jäger	1
953	Kohlenschüssel » » . .	1	1116	Journale für magnetische Beobachtungen	1
954	Schürhaken	1			
955	Verkorkungsmaschine . . .	1	1117	Vormerkbücher für magnetische Beobachtungen .	
956	Weingeistlampe	2			
957	Kochmaschine f. Petroleum	1	1118	Kalender pro 1882 und 83 je	1
960	Signalhorn	1	1119	Meteorologische Journale .	
961	Aborteimer	2	1120	Chronometer- » .	
963	Geldcassette	1	1121	Nordlicht- » .	
964	Handwage s. Gewichten . .	1	1122	Erdmagnetismus- und Luftelektricitäts-Journale . .	
966	Hängeleuchter	4			
967	Lampen, Petroleum-, Tisch-	1	1123	Proviant-Journal	
968	dto. für Beobachtungen, Hänge-	6	1124	Kleinverbrauch- u. Kohlen-Journal	
969	dto. kleine	2	1125	Copierpresse und 4 Copierbücher à 500 Blatt . . .	1
971	dto. Hand- und Wand- .	6			
972	dto. Beobachtungslampen	4		Einlagblätter dazu	10
974	Blendlaternen, astronom.	2	1126	Etiketten für Sammlungen	1000
975	Stühle	14	1127	Petschaft	1
976	Bügeleisen mit Untersatz .	1	1128	Stampiglien	diverse
978	Ueberzüge für Instrumente	diverse	1129	Kreil, Meteorologisches Beobachtungssystem . . .	
979	Feuerzeuge, Stahl und Schwamm	diverse	1130	Neumayer, Anleitung zu wissenschaftlichen Beobachtungen	1
980	Speiseschalen	30			
981	Dampfwaschkessel, kupfern.	1			
982	Lavoir aus Pappe	6	1131	Lamont, Handbuch des Erdmagnetismus	1
983	Kohlenoxyd - Alarmsignalapparat	2			
			1132	Reye, Wirbelstürme, Tornados und Wettersäulen . .	1
984	Effectenkisten	15			
			1133	Exemplare der Insel Jan Mayen (Lithographie) .	200
			1134	Exemplare der Sternkarte.	200

Bedarf für 2 Jahre / Bedarf für 2 Jahre

Fortl. Nr.	Gegenstand	Zahl	Fortl. Nr.	Gegenstand	Zahl
1035	Repertorium und Annalen des Centralobservatoriums zu St. Petersburg.	1	1133	Kalium jodatum..... ℥	500
			1134	Morphium hydrochloric. »	10
			1135	Natrium hydrocarb. i. p. ℔	20
1036	Zeichenblock........	3	1136	Oleum Menthae pp. .. ℥	20
1037	Zeichenbuch.........	1	1137	dto. sinapis aether. . »	20
1038	Journal, astronomisches, a, b	2	1138	dto. terebinthinae . . »	100
1040	Verzeichnis von 539 Sternen, 1882	1	1139	Opium in pulv...... »	30
			1140	Plumb. acetic. basic. solut......... »	100
1041	Jahrbuch, astronom., 1882	1			
1042	dto. dto. 1883	1	1141	Radix Ipecacuanh. i. p. s. »	100
1043	Gauss, Logarithmen	1	1142	dto. Rhei ... dto. »	300
1044	Peters, Tafeln........	1	1143	Spiritus aetheris .... »	200
1045	Bremiker, Logarithmen ..	1	1144	Sulfur citrin. i. p. s. ... »	200
1046	Jelinek, Anleitungen zur Anstellung meteorologisch. Beobachtungen	1	1145	Tinctura amara .... ℔	2
			1146	dto. opii .... ℥	100
			1147	Tuber Salep i. p. ... »	100
1047	Manual and Instructions for the arctic Expedition 1875 Ferner verschied. allgemein wissenschaftliche und schönwissenschaftl. Werke.	1	1148	Unguent. Hydrarg.... »	500
			1149	Zinc. oxydat....... »	50
			1150	dto. sulfuric. depur. . »	100
			1151	Pilulae purgantes......	500
			1152	Tinctura digitalis.... ℥	50
			1153	Zinc. chlorat. cryst.... »	50
			1154	Pepsinum......... »	100
IX. Medicamente.			1155	Vaseline .... ℔	1
1101	Acidum carbolicum... ℔	2	1156	Glycerinum .... »	1
1102	dto. hydrochlor.... ℥	100	1157	Jodoformium .... ℥	150
1103	dto. dto. depurat.... »	100	1158	Sapo kalinus ...... »	500
1104	dto. nitricum pur... »	100	1159	Acidum boracicum... »	200
1105	dto. tannicum .... »	200	1160	dto. salicylicum ... »	100
1106	dto. tartaricum in pulv. ℔	15	1161	Amylum.......... ℔	
1107	Aether depuratus.... ℥	500	1162	Weisse Flaschen	25
1108	Alumen in pulvere ... »	200	1163	Schwarze dto.	5
1109	Aqua amygdal. amar. . »	200	1164	Steingut-Tiegel	10
1110	dto. destillata .... ℔	5			
1111	Argent. nitric. fus. in bacill. .... ℥	50	**X. Apparate, Instrumente, Verbandzeug etc.**		
1112	Atropinum sulfuric. .. »	2			
1113	Balsamum peruvianum. »	300	1180	Holzschachtel für Bougien .	1
1114	Bismuthum subnitricum »	200	1181	Sodawasser-Apparate ...	2
1115	Camphora .... »	50	1182	Esmarch'sche Binde ...	1
1116	Chininum sulfuricum.. »	500	1183	Eprouvetten-Gestelle	2
1117	Chloralum hydratum .. »	100	1184	Gewichte von 1 ℥ bis 0·5 ℔ ....Spiel	1
1118	Chloroformium ..... »	500			
1119	Collodium .... »	200	1185	Medicinal-Gewichte.. »	1
1120	Cuprum sulfuricum... »	50	1186	Tracheal-Canule (Kautschuk)...........	1
1121	Emplastrum anglican. □℥	2000			
1122	dto. plumbi gummi res. ℔	2	1187	Haken-Pincette	2
1123	Extract. secal. cornut. . ℥	10	1188	Pravaz' Spritze	2
1124	Ferrum lacticum .... »	300	1189	Instrumenten-Kasten	1
1125	dto. sesquichlorat... »	200	1190	Diagnostisches Etui	1
1126	dto. sulfuratum ... »	100	1191	Zahnextractions-Instrum..	1
1127	Hydrarg. bichlor. corros. »	50	1192	Kupferne Leibschüssel...	1
1128	dto. chlorat. mite. .. »	100	1193	Spray-Apparat	2
1129	dto. oxyd. flav..... »	50	1194	Mikroskop	1
1130	Jodum .... »	50	1195	Pulverlöffel aus Bein	2
1131	Kalium chloricum ... ℔	1	1196	dto. dto. Messing	2
1132	dto. hypermanganic.. ℥	100	1197	Reagens-Kasten	1

Fortl. Nr.	Gegenstand	Zahl	Fortl. Nr.	Gegenstand	Zahl
1198	Scheren, grosse	1	1252	Drainage-Röhrchen ... m/	2
1199	dto. kleine	1	1253	Flanell, weisser .... »	10
1200	dto. Gyps-	1	1254	Guttapercha-Papier ... »	5
1201	Schrauben-Tourniquets	4	1255	Gyps (Büchsen à 3 k/g)...	4
1202	Stahl-Spatel	1	1256	Leinwand, feine .... m/	3
1203	Sperrpincetten (altartige)	2	1257	Nähnadeln .... Pck.	12
1204	dto. (Herrmann)	1	1258	Niederländerbändchen . m/	25
1205	Thermometer f. Körpertemp.	3	1259	Organtin .... »	10
1206	Wage mit Messingschalen		1260	Pappendeckel .... Bogen	20
	in Étui	1	1261	Nadeln, Karlsbader.....	2000
1207	dto. Hornschalen	1	1262	dto. mit Lanzenspitzen .	12
1208	Civial'sche Wundspritze	2	1263	Sicherheitsnadeln	100
1209	Zungenzange	1	1264	Unterbindungsseide,Büschel	2
1210	Luftpolster	1	1265	Wachsleinwand..... m/	5
1211	Zinkcassette für Antisept.	1	1266	Paraffinpapier .... Bogen	20
1212	Abziehriemen	1	1267	Wachsstöcke .... k/g	0·84
1213	Abziehstein	1	1268	Zwirn .... g/	200
1214	Eiterbecken aus Messing	2	1269	Temp.-, Puls-, Resp.-	
1215	Injectionsspritzen aus Zinn	2		Tabellen ..... Stück	10
1216	Mensur aus Zinn	1	1270	Signaturen..... Bogen	5
1217	Schutzbrillen für Augen-		1271	Aseptische Gaze ... Pck.	6
	kranke	2	1272	Catgut ...... Flacon	2
1218	Verbandtasche für Wärter	1	1273	Mackintosh ...... Pck.	1
1219	Augenspritzen aus Glas	1	1274	Silk protectiv .... Brief	1
1220	Badeschwamm, desinfic. g/	200	1275	Salicyl-Jute à 100 g/ . Pck.	10
1221	Bougien, Darmsaiten	8	1276	dto. -Baumwolle ... »	20
1222	dto. englische	10	1277	Haemostat.-Baumwolle,Cart·	1
1223	dto. Wachs-	6			
1224	Bruchbänder, doppelte	1		**XI. Gegenstände für**	
1225	dto. links	2		**naturwissenschaftliche**	
1226	dto. rechts	2		**Sammlungen.**	
1227	Bruchschienen, assortiert	10			
1228	Chloroform-Mundkappe				
1229	Darmrohr, elastisches	1	1279	Kistchen mit Instrumenten	1
1230	Eprouvetten	25	1280	Sammelkorb für zoologische	
1231	Irrigator	1		Zwecke	1
1232	Gummischläuche dazu	2	1281	Siebe dto. dto. dto.	2
1233	Gummispitze dazu	2	1282	Blechkisten	8
1234	Haarpinsel	20	1283	Gläserne Gefässe, assortiert	100
1235	Injectionsspritzen, gläserne	5	1284	Blechtasse	1
1236	Katheter, elast. mit Mandrin	2	1285	Eprouvetten, Glasstäbe,	
1237	Kopfnetze			Glasröhren, div. Deck-	
1238	Mensur aus Glas	2		gläser, Objectgläser,	
1239	Reibschale aus Glas	1		Tropfgläser	100
1240	dto. aus Porzellan	1	1286	Pergamentpapier .... m/	2
1241	Schalen aus Glas zu Inject.	2	1287	Thierblasen	6
1242	Korkstöpsel	100	1288	Alkoholometer s. Cylinder .	1
1243	Suspensorien	20	1289	Pflanzenpapier .... Ries	2
1244	Trichter aus Glas	1	1290	Hämmer für geolog. Zwecke	6
1245	Tropfgläser	2	1291	Netze verschied. Systeme	4
1246	Baumwolle, zweifach		1292	dto. pelagische Fischerei	2
	cardiert .... k/g	10	1293	Austernzange	1
1247	Binden, 3% breit ... m/	100	1294	Absoluter Alkohol ... y	5
1248	dto. 6% breit ... »	100	1296	Alaun .... k/g	8
1249	Bindfaden .... g/	200	1297	Natrium arsenicos.... »	2·5
1250	Calicot .... m/	50	1298	Acidum salicylic .... »	0·5
1251	Charpie, feine ..... g/	200	1299	Osmium .... »	0·1

Fortl. Nr.	Gegenstand	Zahl	Fortl. Nr.	Gegenstand	Zahl
	XII. Verbrauchs-Materiale.		1382	Filter........Beutel	6
			1383	Garn. Schiemanns-... k/g	20
			1384	dto. Segel-....... »	10
1301	Alkohol, Fässer à 100 ⁴⁄..	8	1386	dto. Schuster-..... »	5
1302	Asphaltkitt........ k/g	60	1387	dto. -Tressen..... »	10
1305	Bindfaden und Schnüre »	10	1388	dto. Takel-, weiss.. »	5
1306	Besen zum Handgebrauch	24	1390	Glascylinder f. Lampen..	128
1309	Blei in Mulden..... k/g	30	1391	Gläser für Uhren i. Res...	12
1310	Borax.......... »	1	1392	Glastafeln..........	200
1311	Borsten, Schweins-....	diverse	1393	Rahmen für Fenster....	30
1312	Brennholz z. Unterzünden k/g	500	1394	Glaspapier...... Bogen	100
1314	Bretter...........	20	1396	Gummi, -Platten.... k/g	5
1315	Bürsten aus Schweinsborsten (zum Waschen)..	20	1397	dto. Hart- (Ebonit).. »	5
			1398	dto. arabicum.... »	0·25
1316	dto. Kleider-.......	2	1399	dto. Radier-, in Holz gefasst..........	8
1317	dto. Schuh-........	2			
1321	Kampher.......... k/g	5	1400	dto. dto. für Bleistifte..	8
1322	Kautschuklösung.... »	5	1401	dto. -Leinwand......	2
1323	Cement........... »	100	1402	dto. -Röhrchen......	50
1324	Charnierbänder.......	diverse	1403	Graphit.......... k/g	1
1325	Couverts..........	200	1407	Harz (sieh Colophonium).	
1326	Colophonium...... k/g	30	1408	Heu (Sennegras).... k/g	50
1327	Coconfäden (s. Instrumente).		1409	Hussing........... »	10
1328	Kautschukhaut z. Flaschen-Verschluss..... ☐ m/	2	1410	Haifischhaut.........	2
			1411	Hirschfett......... k/g	1
1330	Dochte f. Lamp., flache m/	100	1412	Insectenpulver..... »	5
1331	dto. für den Petroleumofen......... m/	40	1415	Kalk, gelöschter.... »	100
			1416	Kerzen............ »	100
1332	dto. Schnürl-......	100	1417	Kabel,Telegraph-, 1adrig m/	3600
1333	Draht (Guttapercha) für Leitungen, dreilitzig.. m/	100	1418	Kitt (Markus' Zahnkitt). k/g	1
			1419	Korkstöpsel, assortiert..	1000
1336	Drahtstifte.... Tausende	53	1420	Kupferblech........ k/g	10
1338	Dachpappe (sieh XIV).		1421	Kupferdraht........ »	10
1341	Eisenblech, assortiert. k/g	24·5	1422	Korkholz.......... »	10
1342	Eisendraht........ »	9·25	1423	Kupferstangen...... »	7
1343	Eisenstange........ »	47	1424	Kupferröhrchen..... »	3
1344	Eisen, Bessemer-.... »	6·0	1425	{Kupfernägel........ »	0·5
1345	Eisennägel.... Tausende	6		{ dto. -Stifte..... »	2·5
1346	Eisenspiker....... k/g	10	1426	Kugeln, Glas-, in Reserve.	2
1347	Eisenschrauben, sort., Pck.	8	1429	Kauschen und Doppelhaken	24
1353	Fensterenlagstreifen.. m/	80	1430	Kreide........... k/g	0·5
1358	Federn z. Zeichnen sammt Stiften.... Dtzd.	6	1431	dto. Bologneser-.....	20
			1433	dto. Zeichen-.......	5
1359	Federn, Stahl-.... »	18	1434	dto. Pastell- u. Oel-, Satz	1
1360	Federn, Bein-.. Schachtel	1	1435	Kette, Takelage- (für Flutmesser)......... m/	50
1361	Federmesser........	1			
1362	Federhalter........	18	1436	Kämme...........	20
1363	Farbe, schwarze.... k/g	12·5	1437	Kohlen, Holz-.......	800
1365	dto. Bleiweiss-..... »	32·5	1438	dto. Stein-... Tonnen	40
1366	Farben, Aquarell-.. Stück	15	1439	Lehm für Oefen.... k/g	50
1372	Fass- und Reifnieten...	400	1440	Leder, Renthierfelle...	4
1373	Feuerschwamm..... k/g	0·25	1441	dto. Pfund-....... k/g	20
1375	Flaschen..........	100	1442	dto. Schuh-, Kalbs-, Juchten-...........	20
1376	Flanell.......... m/	20			
1378	Firnis........... k/g	10	1443	Leder, Schwarz-..... »	5
1380	Farbschalen.........	6	1444	Leim............ »	4
1381	Feuerstein........ k/g	1	1445	Linoleum ..Quadratyards	220

— 95 —

Fortl. Nr.	Gegenstand	Zahl	Fortl. Nr.	Gegenstand	Zahl
1446	Lineal, Meter-	1	1522	Schuster-Zwecke	500
1447	dto. viereckiges	1	1523	Sand z. Formen u. f. Malter k/g	100
1448	Laugenstein k/g	30	1524	Salmiak »	15
1449	Lunte »	5	1527	Schmirgelpapier... Bogen	100
1450	Lampenreflector	1	1528	Salmiakgeist.... Flasche	1
1452	Lineale, Curven-, aus Kautschuk	2	1530	Stahl für Meissel.... k/g	5·5
1454	Masstab, Taschenformat	1	1531	Stahldraht »	3·5
1456	Messingstangen k/g	10	1532	Stahlblech, 3 m/m »	1·5
1457	Messingdraht »	2·5	1533	Gusstahl »	27·8
1458	Messingblech »	3·75	1536	Stifte, blau und roth.. »	4
1461	Menninge	10	1539	Bleistifte, Faber Nr. 1, Dtzd.	4
1462	Marling, assortiert... »	30	1540	dto. dto. Nr. 2... »	8
1463	Messing-Holzschrauben »	10	1541	dto. dto. » 3... »	12
1464	dto. -Stifte.. Tausende	22	1542	dto. dto. » 4... »	8
1465	Marineleim k/g	2	1543	dto. dto. » 5... »	2
1466	Nähnadeln, assortiert	diverse	1544	Segeltuch, 61 c/m, Nr. 1. m/	10
1467	Nähzeug	3	1545	dto. 61 c/m, Nr. 3... »	20
1468	Nieten	100	1546	dto. 61 c/m, Nr. 8... »	20
1469	Nadeln zum Filznähen	diverse	1547	Schwefel k/g	10
1473	Leinöl, gekocht k/g	20	1548	Tau, 35 bis 40 m/m m/	500
1474	Knochenöl Flasche	1	1549	Drahttau für Seitenstage, 40 m/m m/	20
1475	Olivenöl, säurefrei... k/g	50	1552	Getheertes Tau, 70-80 m/m »	50
1476	Ofenröhren m/	15	1553	dto. dto. 100 bis 110 m/m »	50
1478	Papier, Concept-		1554	Theer, 1 Fass k/g	60
1479	dto. Wichs-		1555	Terpentin »	49
1480	dto. Pergament-	diverse	1558	Tinte, Carmin-, Fläschchen	1
1481	dto. Zeichen- auf Leinw.		1559	dto. blaue, »	1
1482	dto. gewöhnliches		1560	dto. schwarze, »	4
1483	dto. Natur-		1561	Tintenpulver..... Pck.	1
1485	Pausleinwand m/	3	1562	Tintensteine.... Kasten	1
1486	Pauspapier aus Elefanten-Strohpapier m/	3	1563	Tintenfässer	3
1487	Pausleinwand, stärkere Qualität m/	3	1564	Tabakpfeifen, hölzerne..	28
			1565	Tusch	2
1488	Papier, Lösch- und Seiden-	diverse	1567	Unschlitt........ Fass	1
1490	Patentpasta, Kautschuk- k/g	2	1570	Vasolin k/g	10
1494	Pottasche »	5	1576	Wollstoff, Schaf- m/	10
1495	Pinsel, assortiert »	12	1577	Wolle, Schaf- (Nähwolle) k/g	2
1496	dto. zum Aquarellmalen sammt Stielen	12	1579	Wischer, Leder-	3
			1580	Werkholzbohlen	3
1498	Petroleum y	1500	1581	Weissblechtafeln	5
1499	Pech, Vallona- k/g	227	1582	Werg, weisses k/g	100
1500	dto. Schuster- »	0·5	1583	dto. getheertes »	100
1505	Quecksilber »	10	1584	Wachs »	2
1507	Renthiersehne	diverse	1585	Wachsstöcke- »	10
1508	Restitutionsfluid, Flaschen	4	1588	Zink	1
1510	Rebschnur Nr. 3, 4, 5. k/g	545	1589	Zinn »	1·75
1511	Schwämme »	2	1590	Zündhölzchen (Schwefel- u. schwedische) Tausende	50
1512	Stiefelschmiere »	5	1593	Zahnstocher	1000
1513	Seife, gewöhnliche... »	100			
1514	dto. Kali, 1 Fass.. »	25		**XIII. Eisenarbeiten, Waffen.**	
1517	Stecknadeln	diverse			
1518	Scheren, Schneider-, Schuster-, Papier-	5	1601	Löthzeug...... Sack	1
			1602	Amboss, mit Stahl aufgelegt	1
1520	Stein, englischer	4	1603	Blechschere aus Stahl...	1
1521	Schuster-Absatzstifte	4000	1605	Bogensäge für Metall...	1

Fortl. Nr.	Gegenstand	Zahl	Fortl. Nr.	Gegenstand	Zahl
1607	Federspanner	1	1668	Patronenzieher für Lefaucheux	6
1608	Fräsen	4	1669	Putzstöcke a. Holz 6, Mess. 2	8
1609	Hammer (Kreuzvorschlaghammer)	1	1670	Patronengürtel	6
1611	Körner	1	1674	Lanzen mit langem Stiel	2
1612	Lederfeilen	4	1676	Fuchsfallen	1
1613	Löthkolben	2	1677	Schlageisen, kleine	5
1614	Meissel, Flach-, Kreuz-	15	1679	Karabiner-Reserve-Bestandtheile . . . . Satz	1
1615	Pfriemen	1			
1616	Raspeln, assortiert	6	1680	Kropatschek - Reserve - Bestandtheile. . . . Satz	1
1617	Reibalen, 4- und 8 kantig	2			
1618	Schmiedewerkzeug	1	1681	Lefaucheux - Reserve - Bestandtheile. . . . Satz	1
1619	Schraubenzieher	4			
1620	Schraubstock	1	1682	Raketen, 24löth.	10
1621	Feilkloben von 8 bis 12, 13 bis 16 und 18 %m	4	1683	Blickfeuer à 4 Minuten	10
			1684	Gewehrpulver . . . . k/g	250
1622	Zangen, assortiert, f. Draht	4	1685	Sprengpatronen für Köder	11
1625	Oelkanne	1	1686	Kapseln für Sprengungen	300
1626	Feldschmiede s. Blasebalg	1	1687	Elektrische Zünder	400
1627	Werkbank mit Drehbank	1	1688	Bickfort'sche Zündschnur . . . . m/	20
1628	Niethammer	2			
1629	Blasebalg	1	1691	Munitionskisten s. Schlüssel	4
1633	Schraubenschlüssel, franz. und engl.	1	1692	Luntenkiste	1
			1694	Raketenstäbe	20
1640	Feilen, assortiert, für Eisen	39	1695	Pulverfässer a. Papiermaché	4
1641	Nadelfeilen für Instrumente	12	1696	Lefaucheux Schrot-Metallhülsen	600
1642	Schmiedezangen	2			
1643	Garnituren Feuerzeug	3	1697	dto. Schrot-Papierhülsen	1000
1644	Schraubstock mit Zwinge	1			
1645	Gusstahlbohrer, 4 mit, 2 ohne Heft	6		**XIV. Landarbeiten.**	
1646	Werkzeugkiste für Kabelsplissung	1	1701	Eissägen à 12' Länge	2
			1703	Räder mit Rahmen	1
1647	Hölzerner Spenglerhammer	1	1704	Scheibtruhen	4
1648	Messer für Drehbank, für Holz	12	1705	Wärmofen	1
			1706	Kelle	1
1651	Werndlkarabiner a. Bronze	1	1708	Brecheisen	4
1652	Revolver » »	2	1709	Richtscheidt	1
1653	Werndlkarabiner	6	1710	Holzfaser zum Füllen der Zwischenräume . . . k/g	1000
1654	Repet.-Gewehr Kropatschek	6			
1655	Lefaucheux Nr. 16, Büchsflinten	6	1711	Schneeschaufeln	12
			1712	Krampen mit Stiel, Federn und Schrauben	10
1656	Karabiner-Hartblei-Munit.	4000			
1657	Revolver-Weichblei- »	200	1713	Erdschaufeln und Spaten	4
1658	Gewehr-Hartblei- »	4000	1714	Hauen	2
1659	Lefaucheux-Hartblei-Kugel-Patronen	1200	1717	Flachmeissel, 50 m/m breite Bohrweite, 1 m/ lang	1
1660	dto. Schrotschüsse und zwar: Nr. 2 . . 6000 Nr. 6 . . 2400 Nr. 10 . . 660	9000	1718	Kreuzmeissel, 50 m/m breite Bohrweite, 2 m/ lang	1
			1719	Patent-Rohrbohrer s. Rohr, 2 m/ lang	1
1664	Propfen für Lefaucheux-Patronen . . . . Tausende	20	1720	Halbbandbohrer, 50 m/m breit, 2 m/ lang	1
1665	Kapseln und Stifte hiezu	10000	1721	Bohrkrücke für beide Garnituren	1
1666	Jagdkapseln	500			
1667	Maschinen zur Patronen-Reconstruction	2	1722	Putzhammer	1
			1723	Peckhammer	1

Fortl. Nr.	Gegenstand	Zahl	Fortl. Nr.	Gegenstand	Zahl
1724	Spaten, Lehmann'sche...	4	1739	Schlaghammer f. Steinmetz	1
1725	Schneemesser	14	1740	Spitzmeissel » »	2
1726	Chamotteziegel	1000	1741	Flachmeissel » »	1
1727	Schwarze und weisse Pfeiler	17	1742	Spitzhammer	2
1728	Theerpappe, dicke, 54 Ballen .... □$^{m}/$	540	1743	Maurerhammer	2
			1744	Steinpfeiler	7
1729	dto. dünne, 30 Ballen □$^{m}/$	300	1745	Holzpfeiler	4
1730	Isolierplatten, leichte, 20 Ballen	100	1746	Eisboote	2
			1747	Wohnhaus, complet....	1
1731	Asphalt, 4 Kisten .... $k/_{\eta}$	348	1748	Magnetisches Haus Nr. I.	1
1732	Dachleisten .... $^{m}/$	300	1749	dto. dto. Nr. II	1
1733	Klebekitt f. Isolierplatten $k/_{g}$	60	1750	dto. absolutes Haus...	1
1734	Kappstreifen..... Pck.	10	1751	Sternwarte	1
1735	Nägel für Kappstreifen. $k/_{g}$	46	1752	Gang in zwei Theilen...	1
1736	Eiserne Drahtstifte für Dachpappe	30000	1753	Thermometerhaus	1
			1754	Dach für Magazin	1
1737	Drahtstifte, kupferne....	26000	1755	Abort	1
1738	Fensterblei........ $^{m}/$	5			

Jan Mayen.